D1641327

Christiane Kleinau

Der Treibhauseffekt als Thema im Sachunterricht

Untersuchungen zu Möglichkeiten und Grenzen

Diplomica Verlag GmbH

Kleinau, Christiane: Der Treibhauseffekt als Thema im Sachunterricht: Untersuchungen zu Möglichkeiten und Grenzen, Hamburg, Diplomica Verlag GmbH 2013

Buch-ISBN: 978-3-8428-9307-8
PDF-eBook-ISBN: 978-3-8428-4307-3
Druck/Herstellung: Diplomica® Verlag GmbH, Hamburg, 2013
Covermotiv: © Artem Gorohov – Fotolia.com

Bibliografische Information der Deutschen Nationalbibliothek:
Die Deutsche Nationalbibliothek verzeichnet diese Publikation in der Deutschen
Nationalbibliografie; detaillierte bibliografische Daten sind im Internet über
http://dnb.d-nb.de abrufbar.

© Diplomica Verlag GmbH
Hermannstal 119k, 22119 Hamburg
http://www.diplomica-verlag.de, Hamburg 2013
Printed in Germany

Inhaltsverzeichnis

Abbildungsverzeichnis

Tabellenverzeichnis

1 Intention und Aufbau der Arbeit

Die Jahre 2005 bis 2014 sind von den Mitgliedsstaaten der Vereinten Nationen als UN-Dekade „Bildung für nachhaltige Entwicklung" ausgerufen worden. Diese weltweite Bildungsinitiative hat das Ziel, den Gedanken der nachhaltigen Entwicklung in den Bildungssystemen der Mitgliedsstaaten weltweit zu verankern. Bildung für nachhaltige Entwicklung beinhaltet die Idee vom nachhaltigen Denken und Handeln, also dass das heutige Handeln Einfluss auf das Leben zukünftiger Generationen weltweit hat. Diese Weichen für eine weltweite nachhaltige Entwicklung wurden vor allem in der UN-Konferenz über Umwelt und Entwicklung in Rio de Janeiro 1992 gestellt. Auf dieser Konferenz wurde auch die Bedrohung des Weltklimas durch die globale Erwärmung thematisiert und versucht mit einer Klimaschutz-Konvention darauf zu reagieren. Als Hauptursache für diesen Klimawandel wird der anthropogene Treibhauseffekt angesehen. Im Kyoto-Protokoll, welches 2005 in Kraft trat, sind rechtsverbindliche Begrenzungs- und Verringerungsverpflichtungen der Industriestaaten bzgl. des Treibhausgas-Ausstoßes vereinbart. Allerdings gelten diese Vereinbarungen nur bis 2012 und bisher wurden noch keine verbindlichen Ziele für den Zeitraum danach festgelegt. Demzufolge sind der Klimawandel und der Klimaschutz ein immer wieder präsentes Thema in politischen Debatten und damit auch in den Berichten der Medien. So fand 2011 in Berlin das Klimaschutzfestival „Rock fürs Klima" statt, für das in der ganzen Stadt geworben wurde. Für Deutschland wurde der Atomausstieg bis 2022 beschlossen und heftig diskutiert. Meldungen über das Solarflugzeug „Solar Impulse", welches ausschließlich mit Sonnenenergie betrieben wird und im Mai 2011 zum ersten Mal international geflogen ist oder politische Diskussionen über eine unterirdische Kohlendioxid-Speicherung, verdeutlichen die Präsenz und die Aktualität des Themas. Diese Meldungen und Bilder nehmen auch Grundschüler[1] wahr und es besteht die Gefahr, dass sie aufgrund der wahrgenommenen Bedrohungen Zukunftsängste entwickeln. Insbesondere der Sachunterricht hat die Aufgabe, Themen aus der Lebenswelt der Schüler aufzugreifen und ihnen zu helfen, ihr erworbenes Wissen zu ordnen und gegebenenfalls zu relativieren. Aus diesen wichtigen Gründen sollte der Treibhauseffekt m. E. Teil des Sachunterrichts sein. Inwiefern dieses Thema in Curricula des Sachunterrichts bereits vorgesehen ist bzw. sich einfügen lässt, im konkreten Unterricht bereits eine Rolle spielt und bei Kindern präsent ist bzw. auf deren Interessen stößt, wird in der

---

[1] Alle Personen- und Berufsbezeichnungen umfassen stets männliche und weibliche Personen.

vorliegenden Arbeit näher untersucht. Im Fokus steht dabei die Frage nach den Möglichkeiten der Thematisierung und deren Grenzen.

Um die Aktualität und Dringlichkeit des Themas zu verdeutlichen, wird zunächst auf den Klimawandel eingegangen. Dabei wird als Erstes das Klimasystem der Erde vorgestellt, sowie ein grober historischer Abriss über die Klimaschwankungen der Erde gegeben, um vor diesem Hintergrund die aktuelle globale Erwärmung einordnen zu können. Anschließend findet eine fachliche Auseinandersetzung mit dem Hauptverursacher für diese globale Erwärmung, dem Treibhauseffekt statt. Dazu wird zuerst der natürliche Treibhauseffekt erklärt, welcher für das Leben auf der Erde von grundlegender Bedeutung ist. Aufgrund von erhöhten Treibhausgas-Emissionen wird dieser natürliche Prozess jedoch verstärkt, weshalb von einem anthropogenen Treibhauseffekt gesprochen wird, welcher zum Klimawandel führt.

Nachdem diese Klimawandel-Problematik erläutert wurde, wird gezeigt, wie die Politik darauf reagiert, insbesondere im Bildungsbereich. Das dritte Kapitel beschäftigt sich daher zunächst mit einem kurzen Abriss der Entwicklung der Umwelterziehung hin zum Leitbild Nachhaltige Entwicklung. Im Bildungsbereich kristallisierte sich somit die Bildung für nachhaltige Entwicklung heraus. Was unter diesem Bildungskonzept zu verstehen ist und wie es auf die Grundschule zu übertragen ist, wird im letzten Teil dieses Kapitels beschrieben.

Auf dieser theoretischen Basis aufbauend, wird im vierten Kapitel eine qualitative Überblicksstudie zum Treibhauseffekt im Sachunterricht vorgestellt. Diese Studie besteht aus vier Untersuchungen, die die wesentlichen Faktoren des Unterrichts berücksichtigen: die Rahmenbedingungen Rahmenplan und Schulbuch, sowie die Akteure des Unterrichts Lehrkraft und Schüler. In der Rahmenplan- und Schulbuchanalyse wird untersucht, ob der Klimawandel bzw. der Treibhauseffekt als Thema für den Sachunterricht in der vierten Klasse in vier verschiedenen Bundesländern benannt ist. Dazu werden auch Anknüpfungsmöglichkeiten an nachhaltigkeitsrelevante Themen, wie z.B. Energie, Ressourcenmanagement oder Konsum untersucht, um herauszufinden, ob nachhaltige Bildung bereits in den Rahmenbedingungen präsent ist. Daran schließt sich eine Lehrerbefragung mithilfe eines Fragebogens an, die ermitteln soll, ob Sachunterrichtslehrkräfte bereits Erfahrungen mit dem Unterrichten des Treibhauseffekts gemacht haben und welche Gründe für bzw. gegen eine Behandlung des Themas aus ihrer Sicht sprechen. Die Überblicksstudie schließt dann mit einer Schülerbefra gung ab, die das Vorwissen der Schüler zum Klimawandel und Treibhauseffekt in problemzentrierten Gruppeninterviews in Erfahrung zu bringen versucht. Zum Schluss erfolgt eine zusammenfassende Darstellung der Ergebnisse dieser Arbeit.

2 Der Klimawandel

2.1 Das Klimasystem der Erde

Das Klima der Erde wird in zunehmender Weise vom Menschen beeinflusst. So erhöht der Mensch den Anteil der Treibhausgase in der Atmosphäre, was den natürlichen Treibhauseffekt verstärkt. Dies führt zu einer globalen Erwärmung der Erde. Bevor jedoch dieses Klimaproblem ausführlicher erläutert werden kann, ist es erforderlich, sich mit den grundlegenden Begriffen „Wetter", „Klima" und „Klimasystem" auseinanderzusetzen.

2.1.1 Begriffsbestimmungen: Wetter, Klima, Klimasystem

Der Begriff „Wetter" bezeichnet die kurzfristigen Geschehnisse der Atmosphäre und ist durch eine eingeschränkte Vorhersehbarkeit von ca. 14 Tagen gekennzeichnet.[2] Aussagen zum „Klima" beziehen sich hingegen auf Zeiträume von ungefähr 30 Jahren.[3] Die Weltorganisation für Meteorologie definiert Klima folgendermaßen:

> At the simplest level the weather is what is happening to the atmosphere at any given time. Climate in a narrow sense is usually defined as the "average weather," or more rigorously, as the statistical description in terms of the mean and variability of relevant quantities over a period of time.[4]

Das Klima ist demnach „die Synthese des Wetters über einen Zeitraum (…), der lang genug ist, um dessen statistische Eigenschaften bestimmen zu können."[5] Vereinfacht heißt dies, dass die Wetterelemente, wie z.B. Lufttemperatur, Luftfeuchte, Bewölkung, Niederschlag usw., über einen langen Zeitraum statistisch ausgewertet und sie somit zu Klimaelementen werden.[6] Neben diesen Klimaelementen bedingen auch sogenannte Klimafaktoren das Klima einer bestimmten Region. Darunter sind Prozesse und Zustände zu verstehen, die das Klima bzgl. der Entstehung, Andauer und Variabilität beeinflussen.[7] Dazu zählen u.a. die Sonneneinstrahlung, die Meer- und Landverteilung, die Reliefsituation, anthropogene Emissionen, sowie die atmosphärische Zirkulation.

---

[2] Vgl. Latif 2009, S. 11.
[3] Vgl. Kuttler 2009, S. 12.
[4] http://www.wmo.int/pages/themes/climate/understanding_climate.php (21.05.2011)
[5] Hupfer; Kuttler 2005, S. 237.
[6] Vgl. Schönwiese 2005, S. 4.
[7] Vgl. Kappas 2009, S. 86.

Das Zusammenwirken dieser Klimaelemente und Klimafaktoren wird unter dem Begriff „Klimasystem" zusammen gefasst. Das Klimasystem berücksichtigt zudem die Wechselwirkungen der Atmosphäre mit verschiedenen Komponenten des Erdsystems, wie:

- der Hydrosphäre (Ozeane, Wasserkreislauf in Atmosphäre und auf den Kontinenten)
- der Kryosphäre (Eis und Schnee)
- der Biosphäre (Tiere und Pflanzen)
- der Pedosphäre (Boden)
- der Lithosphäre (Gestein).[8]

In der Abbildung 1 ist schematisch das Klimasystem mit seinen Wechselwirklungen dargestellt.

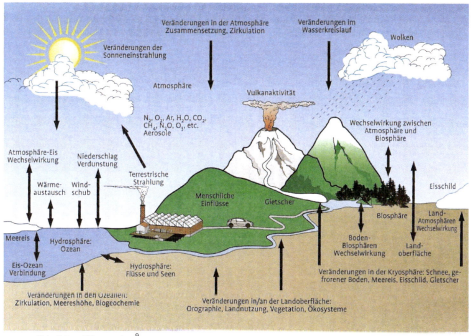

Abb. 1 Das Klimasystem[9]

---

[8] Vgl. Latif 2009, S. 13.
[9] Entnommen aus: Latif 2009, S. 13.

Die entscheidende Energiezufuhr erhält das Klimasystem durch die Sonnenstrahlung. Nach Rahmstorf und Schellnhuber kann das Klima im globalen Mittel daher als das Ergebnis einer einfachen Energiebilanz betrachtet werden:[10] „Die von der Erde ins All abgestrahlte Wärmestrahlung muss die absorbierte Sonnenstrahlung im Mittel ausgleichen."[11]

Ändert sich diese Energiebilanz, so ändert sich auch das Klima. Rahmstorf und Schellnhuber geben folgende drei Möglichkeiten für solche Änderungen an:[12]

- Variation der Sonnenstrahlung aufgrund Veränderungen in der Umlaufbahn oder Änderungen in der Sonne selbst
- Änderung der Albedo (Verhältnis von reflektierter zur einfallenden Strahlung; helle Fläche besitzen eine hohe Albedo, dunkle Flächen eine niedrige)
- Beeinflussung der abgehenden Wärmestrahlung durch Anteil der absorbierenden Gase (sogenannte Treibhausgase) und Aerosole (Partikel) in der Atmosphäre

Aus der Klimageschichte geht hervor, dass das Klima der Erde immer wieder extreme Wandlungen durchgemacht hat. Diese Klimawandlungen sind jedoch nicht ohne Grund aufgetreten. Bereits kleine Änderungen in der Energiebilanz konnten solche Klimaänderungen auslösen. Um den menschlichen Einfluss auf das Klima richtig einschätzen zu können, ist es notwendig sich einen groben Überblick über die Klimageschichte zu verschaffen. Daher widmet sich das nächste Kapitel den Klimaschwankungen in der Geschichte.

2.1.2 Klimaschwankungen in der Geschichte

Ein wesentliches Charakteristikum des Klimas ist seine starke Variabilität. In der Vergangenheit hat sich das Klima auf natürliche Weise immer wieder stark verändert, wie im Folgenden skizziert wird.

---

[10] Vgl. Rahmstorf; Schellnhuber 2006, S. 12.
[11] Ebd., S. 12.
[12] Vgl. ebd., S. 13.

In Abbildung 2 ist das globale Klima der letzten 65 Millionen Jahre dargestellt:

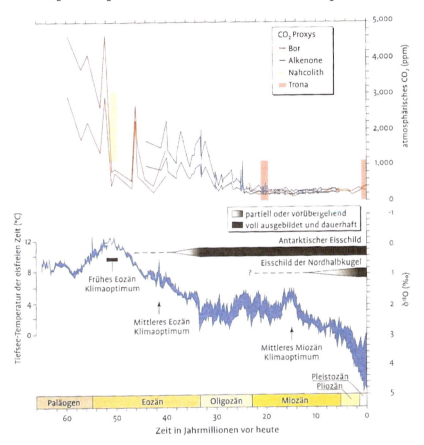

Abb. 2 Die Entwicklung der Kohlendioxidkonzentration und der Temperaturverlauf in den letzten 65 Millionen Jahren[13]

In der Darstellung wird deutlich, dass sich die Erde in den letzten 65 Millionen Jahren allmählich abgekühlt hat. Die Warmphase im Eozän wird unter den Forschern viel diskutiert. Einige Forscher sind der Meinung, dass dieses Ereignis einige Parallelen zu dem aufweist, was der Mensch heute verursacht.[14] Andererseits haben sich inzwischen viele Faktoren, wie z.B. die Land-Meer-Verteilung, massiv geändert, so dass die

---

[13] Entnommen aus: Latif 2009, S. 66.
[14] Vgl. Rahmstorf; Schellnhuber 2006, S. 19.

Warmphase des Eozäns nicht als Analogon dienen kann.[15] Rahmstorf und Schellnhuber geben für die Ursache dieses Ereignisses einen erhöhten Kohlenstoffanteil in der Atmosphäre an.[16] Damit sei gezeigt, dass sich das Klima sehr schnell um mehrere Grad erwärmen kann, wenn große Mengen an Kohlenstoff in die Atmosphäre gelangen.

Die jüngste Epoche der Erdgeschichte ist das sogenannte Quartär, welches vor ca. 1,8 Millionen Jahren begann und in Pleistozän und Holozän unterteilt wird.[17] Zyklisch wiederkehrende Eiszeiten bestimmten das Klima im Pleistozän, wie in Abbildung 3 für die letzten 400 000 Jahre zu erkennen ist.

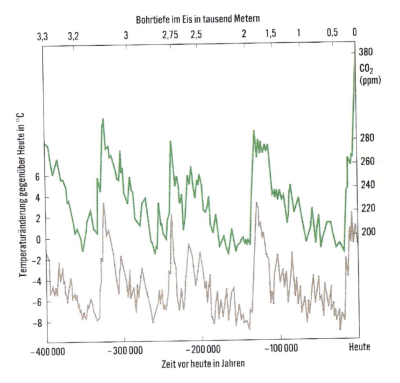

Abb. 3 Schwankungen der Konzentration des Kohlendioxid (grüne Kurve) und der Temperatur (graue Kurve) der letzten ca. 400 000 Jahre[18]

[15] Vgl. Latif 2009, S. 67.
[16] Vgl. Rahmstorf; Schellnhuber 2006, S. 19.
[17] Vgl. Latif 2009, S. 68.
[18] Entnommen aus: Latif 2007, S. 63.

Diese Eiszyklen lassen sich mithilfe der Milankovitch-Zyklen erklären, die besagen, dass der Lauf der Erde um die Sonne Schwankungen unterlegen ist und sich somit die Sonneneinstrahlung verändert. Diese Schwankungen beruhen nach Mojib Latif[19] auf der ellipsenförmigen Umlaufbahn der Erde, welche variiert zwischen nahezu kreisförmig bis leicht elliptisch, der Änderung des Neigungswinkels der Erdachse, sowie der Tatsache, dass die Erde keine perfekte Kugel ist, sondern am Äquator einen „Bauch" besitzt, weshalb „die Erde taumelt und die Orientierung der Erdachse einen Kreis im Raum beschreibt."[20] Laut Rahmstorf und Schellnhuber treten die sogenannten Milankovitch-Zyklen alle 23 000, 41 000, 100 000 und 400 000 Jahre auf und die nächste Eiszeit würde daher in 50 000 Jahren beginnen.[21] Jedoch ist es unter den Forschern strittig, ob es überhaupt zu der Eiszeit kommen wird, da die momentane ansteigende Kohlenstoffkonzentration in der Atmosphäre so lange nachwirken könnte, dass die natürlichen Eiszeitzyklen verhindert würden.[22] (Vgl. 2.2.2)

Vor ca. 11 000 Jahren ging die letzte Eiszeit zu Ende und die heutige Warmzeit, das sogenannte Holozän, begann.[23] Diese Phase der Erdgeschichte ist durch ein vergleichsweise stabiles Klima gekennzeichnet, was vielfach als Grund dafür angesehen wird, dass der Mensch sesshaft wurde und die Landwirtschaft erfand.[24]

Das letzte Jahrtausend begann mit einer warmen Phase, dem Klimaoptimum im Mittelalter um 1100. Zwischen 1200 und 1400 folgte ein Abkühlungstrend, der schließlich in die „Kleine Eiszeit" mündete, die bis zur Mitte des 19. Jahrhunderts andauerte. Jedoch kann diese Phase nicht als globale Klimaänderung betrachtet werden, da die (wenigen) vorhandenen Daten für die Südhalbkugel keine sichtbaren Schwankungen aufweisen, auch wenn eine geringe Abkühlung für das 19. Jahrhundert zu verzeichnen ist.[25] Eine global synchrone Klimaänderung im letzten Jahrtausend scheint es nur seit der zweiten Hälfte des 20. Jahrhunderts zu geben, wie es in folgender Abbildung deutlich wird. Abbildung 4 stellt die globale mittlere Temperatur der Erdoberfläche seit 1850 dar, in welcher deutlich ein Erwärmungstrend der Erdoberfläche zu erkennen ist. Wie sich diese globale Erwärmung erklären lässt, wird im nächsten Kapitol erläutert.

---

[19] Vgl. Latif 2009, S. 72.
[20] Ebd., S. 72.
[21] Vgl. Rahmstorf; Schellnhuber 2006, S. 22.
[22] Vgl. ebd., S. 22.
[23] Vgl. Latif 2009, S. 74.
[24] Vgl. Rahmstorf; Schellnhuber 2006, S. 25.
[25] Vgl. Latif 2009, S. 79.

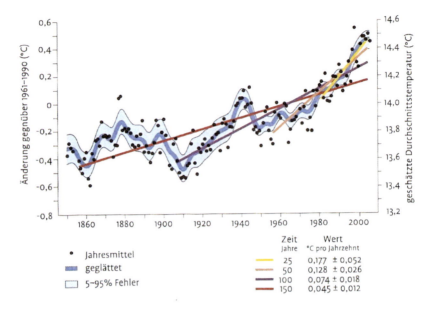

Abb. 4 Die globale mittlere Oberflächentemperatur der Erde seit 1850[26]

2.2 Die globale Erwärmung

Unter der „globalen Erwärmung" wird, nach Rahmstorf und Schellnhuber[27], die Erwärmung der globalen Mitteltemperatur der Erde verstanden. Dies bedeutet, dass eine Erwärmung nicht überall auf der Erde zu verzeichnen sein muss. Die Ursache für diese globale Erwärmung wird im anthropogenen Treibhauseffekt gesehen. Bevor dieser erläutert wird, steht zunächst der natürliche Treibhauseffekt im Mittelpunkt der Betrachtung, da dieser Prozess entscheidend für das Verständnis ist.

2.2.1 Natürlicher Treibhauseffekt

Wie bereits in Abschnitt 2.1.1 erläutert, ist für das Klimasystem die Bilanz zwischen einfallender solarer und in den Weltraum abgegebener thermischer Strahlung entscheidend.[28] Einige Gase beeinflussen diese Strahlungsbilanz, indem sie die von der

---

[26] Entnommen aus: Latif 2009, S. 136.
[27] Vgl. Rahmstorf; Schellnhuber 2006, S. 29.
[28] Vgl. Latif 2009, S. 55.

Erde abgestrahlte Wärmestrahlung in der Atmosphäre absorbieren und diese dann in alle Richtungen, also auch zurück zur Erdoberfläche, abstrahlen. Dadurch kommt an der Erdoberfläche mehr Strahlung an, als ohne Treibhausgase: zu der solaren Strahlung kommt noch die von den Treibhausgasen abgestrahlte Wärmestrahlung hinzu. Auf diese erhöhte Einstrahlung reagiert die Erdoberfläche mit einer Temperaturerhöhung, da wärmere Körper auch mehr Wärme abstrahlen können. Dadurch wird das Strahlungsgleichgewicht wieder hergestellt. Dieser gesamte Vorgang wird als Treibhauseffekt bezeichnet. Dabei handelt es sich um einen ganz natürlichen Vorgang, da die Treibhausgase (Wasserdampf, Kohlendioxid, Methan) seit jeher in der Atmosphäre vorkommen. Ohne den natürlichen Treibhauseffekt würde die mittlere Temperatur der Erdoberfläche lediglich -18°C betragen und wäre damit vollkommen gefroren.[29] Tatsächlich beträgt die mittlere Temperatur der Erdoberfläche aber +15°C. Der Treibhauseffekt ist somit für eine Differenz von 33 Grad verantwortlich und ermöglicht dadurch das lebensfreundliche Klima auf der Erde.

Dieser natürliche Treibhauseffekt wird nun von dem Menschen verstärkt, und „bereits eine prozentual geringe Verstärkung desselben (kann) zu einer Erwärmung um mehrere Grad führen.“[30] Der folgende Abschnitt widmet sich diesem verstärkten Treibhauseffekt, der als anthropogener oder zusätzlicher Treibhauseffekt bezeichnet wird.

2.2.2 Anthropogener Treibhauseffekt

Der natürliche Treibhauseffekt wird verstärkt, weil sich der Anteil der natürlich vorkommenden Treibhausgase erhöht (z.B. Kohlendioxid) bzw. neue Gase (z.B. Fluorchlorkohlenwasserstoffe[31]) emittiert werden. Dadurch erhöht sich die Strahlung in Richtung Erdoberfläche, was wiederum zu einer Erhöhung der Temperatur führen muss, wie bereits in 2.1.2 erläutert. Im Gegensatz zum natürlichen Treibhauseffekt wird der anthropogene Treibhauseffekt hauptsächlich durch Kohlendioxid (CO_2), Methan (CH_4), Fluorchlorkohlenwasserstoffe (FCKW), Troposphärisches Ozon (O_3), sowie Distickstoffmonoxid (N_2O) verursacht.[32] Mit einem Anteil von ca. 60% habe jedoch das

---

[29] Vgl. Rahmstorf; Schellnhuber 2006, S. 31.
[30] Ebd., S. 32.
[31] Da der Ausstoß der FCKW bereits durch diverse Abkommen (z.B. Montrealer Protokoll 1987) geregelt ist, gibt es keine bedeutsamen Konzentrationssteigerungen mehr. Allerdings besitzen die FCKW eine hohe Verweildauer in der Atmosphäre, weswegen sie weiterhin erheblich zum anthropogenen Treibhauseffekt beitragen. (Vgl. Latif 2009, S. 59.)
[32] Kuttler 2009, S. 221.

Kohlendioxid den bedeutendsten Anteil, so Mojib Latif.[33] Die Verweildauer des CO_2 in der Atmosphäre beträgt ca. 100 Jahre, weshalb von einem langfristigen Klimaproblem gesprochen werden kann.[34]

Laut Rahmstorf und Schellnhuber gäbe es keinerlei Zweifel mehr daran, dass der Mensch der Verursacher des CO_2-Anstieges ist.[35] Als Hauptgründe für die Erhöhung des CO_2 in der Atmosphäre werden die Verbrennung fossiler Brennstoffe, wie Kohle, Erdöl und Erdgas, sowie die Zerstörung der Vegetation, z.B. das Abholzen des tropischen Regenwaldes, angesehen.[36]

Um noch einmal auf Abbildung 3 aus Abschnitt 2.1.2 zurückzukommen, ist für den CO_2-Anstieg deutlich zu erkennen, dass die Konzentration dieses Gases immer zwischen ca. 200 und 300 ppm schwankte. Die heutige CO_2-Konzentration liegt bei ca. 380 ppm, was im Hinblick auf die letzten 650 000 Jahre einmalig ist.[37] Da die Treibhausgaskonzentration erst seit Beginn der Industrialisierung ansteigt, wird dies als starkes Argument für die anthropogene Ursache des Anstiegs gewertet. Außerdem wird in Abbildung 3 deutlich, dass die Kurven der Temperatur und der Kohlenstoffkonzentration weitgehend parallel verlaufen, was auf einen engen Zusammenhang zwischen diesen beiden Größen hindeutet.[38] Damit ist gezeigt, dass eine Temperaturänderung zu einer Änderung der Treibhausgaskonzentration führt, was wiederum Einfluss auf den Treibhauseffekt hat. Ebenso wirkt sich eine Änderung der Treibhausgaskonzentration auf die Temperatur aus, was schließlich zur Veränderung der Treibhausgaskonzentration und somit des Treibhauseffekts führt. In der Abbildung 5 ist die globale Erwärmung für verschiedene Emissionsszenarien für das nächste Jahrhundert dargestellt. Da es nicht möglich ist, die Entwicklung der Weltbevölkerung, des Konsumverhaltens, der Technik oder den Energieverbrauch hundertprozentig vorauszusagen, hat der IPCC (Intergovernmental Panel on Climate Change), der Zwischenstaatliche Ausschuss für Klimaänderungen (auch Weltklimarat genannt), verschiedene Szenarien für die Zukunft entwickelt. Insgesamt gibt es 40 SRES-Szenarien (Special Report on Emissions Scenarios), die in vier Hauptgruppen, den sogenannten Szenarienfamilien eingeteilt werden. Die folgende Tabelle 1 gibt einen groben Überblick über

---

[33] Latif 2009, S. 59.
[34] Vgl. Kappas 2009, S. 153.
[35] Vgl. Rahmstorf; Schellnhuber 2006, S. 33.
[36] Vgl. Kuttler 2009, S. 221.
[37] Vgl. Latif 2007, S. 63.
[38] Vgl. ebd., S. 62.

die wesentlichen Emissionsszenarien, die für das Verständnis der Abbildung 5 grundlegend sind.

Szenarienfamilie	Grundgedanken

A1	• rasches Wirtschaftswachstum
	• ab Mitte des 21.Jahrhunderts rückläufige Weltbevölkerung
	• rasche Einführung neuer und effizienterer Technologien
	• 3 Gruppen, mit unterschiedlichen technologischen Hauptrichtungen:
	  o A1 FI (fossil-intensiv)
	  o A1T (nichtfossil)
	  o A1B (Balance aller Quellen)

A2	• heterogene Welt • stetig wachsende Weltbevölkerung • wirtschaftliche Entwicklung regional orientiert • technologische Entwicklung langsamer als in den anderen Modellen
B1	• sich näher kommende (konvergente) Welt • ab Mitte des 21.Jahrhunderts rückläufige Weltbevölkerung, wie in A1, aber • rascher Wandel in Dienstleistungs- und Informationswirtschaft • abnehmender Materialverbrauch • saubere und ressourcenschonende Technologien • globale Lösungen für eine wirtschaftliche, soziale und umweltgerechte Nachhaltigkeit
B2	• lokale Lösungen für eine wirtschaftliche, soziale und umweltgerechte Nachhaltigkeit • stetig wachsende Weltbevölkerung, jedoch langsamer als in A2 • wirtschaftliche Entwicklung auf mittlerem Niveau • langsamerer, aber vielfältigerer technologischer Fortschritt als in B1 und A1 • Schwerpunkt auf lokalen und regionalen Ebenen

Tab. 1 Stichwortartige Beschreibung der vier SRES-Familienszenarien[39]

---

[39] Nach IPCC 2000, S. 4f.

In Abbildung 5 wird ersichtlich, dass wahrscheinlich eine Erwärmung um weitere 0,1°C pro Jahrzehnt zu erwarten ist, selbst wenn die Treibhausgaskonzentrationen auf dem Niveau von 2000 blieben. Die verschiedenen Szenarien verdeutlichen zudem, dass eine weitere Erhöhung der Treibhausgaskonzentration zu erwarten ist. Welche Auswirkungen dies voraussichtlich auf das Klima und damit auf die Umwelt hat, wird im nächsten Kapitel erläutert.

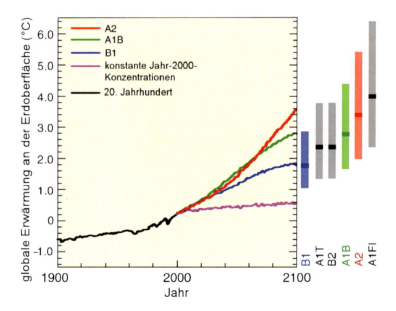

Abb. 5 Anstieg der globalen Temperatur an der Erdoberfläche nach verschiedenen Szenarien[40]

Die durchgezogenen Linien sind globale Mittelwerte der Erwärmung an der Erdoberfläche aus mehreren Modellen (relativ zu 1980–1999) für die SRES-Szenarien A2, A1B und B1, dargestellt als Fortsetzungen der Simulationen für das 20. Jahrhundert. Die orange Linie stellt das Resultat des Experiments dar, bei dem die Konzentrationen auf Jahr-2000-Werten konstant gehalten wurden. Die Balken in der Mitte der Abbildung zeigen die beste Schätzung (durchgezogene Linie innerhalb eines jeden Balkens) und die abgeschätzte wahrscheinliche Bandbreite für die sechs SRES-Musterszenarien.[41]

---

[40] Entnommen aus: Deutsche IPCC-Koordinierungsstelle 2008, S. 49.
[41] Deutsche IPCC-Koordinierungsstelle 2008, S. 49.

2.2.3 Folgen der globalen Erwärmung

Wie im vorangegangenen Abschnitt erläutert wurde, wird die mittlere globale Temperatur der Erdoberfläche sehr wahrscheinlich um mehrere Grad Celsius ansteigen. Daher ist es unbedingt notwendig, sich mit den möglichen Folgen dieser anthropogenen Klimaänderung zu beschäftigen.

Nach Rahmstorf und Schellnhuber sind folgende Vorbemerkungen wichtig, um die Auswirkungen des Klimawandels besser verstehen zu können:[42]

- Die Ausprägung des Klimawandels kann regional sehr unterschiedlich ausfallen, da diese stark von der atmosphärischen und ozeanischen Zirkulation abhängt. Veränderungen in dieser Zirkulation beeinflussen z.B. die Richtung von Tiefdruckgebieten oder des Windes. Dadurch ergeben sich Änderungen in den Temperaturen und Niederschlägen und dies kann regional sehr verschieden sein.

- Im vergangenen Jahrhundert hat sich das globale Klima um ca. 0,6°C erhöht. Jedoch beinhalten viele Datensätze lediglich die Daten der letzten Jahrzehnte, in denen nur eine Erwärmung von ca. 0,3°C zu verzeichnen ist. Der Nachweis von bereits eingetretenen Auswirkungen ist deshalb schwierig. Es handelt sich um „eine Suche nach ersten Anzeichen, nicht nach dramatischen Wirkungen."[43] Die Erwärmungsszenarien für das Ende dieses Jahrhunderts gehen hingegen von einer globalen Erwärmung um ca. 3°C aus, weshalb von stärkeren Folgen ausgegangen werden kann.

- Einige Auswirkungen sind stark nichtlinear. Dies bedeutet, dass erste beobachtbare Folgen, z.B. weitaus schneller oder stärker als in den vorausgesagten Szenarien ablaufen könnten. Rahmstorf und Schellnhuber geben als Beispiel dafür den Wasserabfluss in Gletscherflüssen an, welcher zunächst, aufgrund der Gletscherschmelze, zunehmen wird.[44] Wenn die Gletscher verschwunden sind, werden auch die Gletscherflüsse versiegen.

Für das 20. Jahrhundert sind bereits verschiedene Auswirkungen des Klimawandels zu beobachten, die mit der Erhöhung der mittleren globalen Temperatur einhergehen. Dazu gehört u.a. der Gletscherschwund als eine Art Frühwarnsystem, da viele Gletscher bereits auf eine globale Erwärmung um wenige Grad mit Abschmelzen reagie-

---

[42] Vgl. Rahmstorf; Schellnhuber 2006, S. 54.
[43] Ebd., S. 55.
[44] Vgl. ebd., S. 55.

23

ren.[45] Das Verschwinden der Gletscher würde für Gebirgsregionen zu Wassermangel führen, da die Gletscher ganzjährig Flüsse mit Wasser speisen und daher eine wichtige Quelle für die Landwirtschaft bzw. städtische Wasserversorgung darstellen. Des Weiteren ist ein starker Rückgang des arktischen Meereises zu verzeichnen. Rahmstorf und Schellnhuber weisen darauf hin, dass in den letzten 30 Jahren die Ausdehnung der Eisdecke um 20% abgenommen hat.[46] Die weiße Schneedecke reflektiert viel Sonnenlicht, durch die Abnahme der Eisfläche verändert sich die Energiebilanz der Polarzone und führt zu einer weiteren Erwärmung. Außerdem ist durch die Abnahme der Schneedecke der Lebensraum verschiedener Tiere bedroht, wie z.B. der Eisbären, Walrosse, Seehunde oder Seevögel. Als weitere wesentliche Folge des Klimawandels ist der Anstieg des Meeresspiegels zu benennen. Im vergangenen Jahrhundert sei dieser global um 15 bis 20 cm angestiegen, wobei die ungenauen Angaben auf einer begrenzte Zahl und Qualität der Messreihen beruhen, so Rahmstorf und Schellnhuber.[47] Im Vergleich zu den letzten Jahrtausenden ist der Meeresspiegel lediglich um ein Zehntel dieser Geschwindigkeit gestiegen.

Dies waren ein paar Beispiele für die Auswirkungen des Klimawandels, wie sie bereits heute zu beobachten sind. Mögliche Folgen der globalen Erwärmung für das 21. Jahrhundert hat der IPCC in seinem Synthesebericht (zuletzt im Jahr 2007) zusammengestellt. In dieser Arbeit wird sich auf die deutsche Übersetzung des Syntheseberichts von 2007 bezogen, welcher von der deutschen IPCC-Koordinierungsstelle übersetzt und herausgegeben wurde.[48]

„Die größte Erwärmung wird über dem Land und in den meisten hohen nördlichen Breiten erwartet, die kleinste über dem südlichen Ozean (nahe der Antarktis) und dem nördlichen Nordatlantik (…).“[49] Projiziert werden folgende Auswirkungen des Klimawandels für das 21. Jahrhundert:[50]

- Die Schneebedeckung nimmt ab, d.h. es wird ein Rückgang des Meereises in der Arktis und der Antarktis vorausgesagt. In einigen Projektionen verschwindet das Meereis in der Arktis am Ende des 21. Jahrhunderts vollständig.
- Sehr wahrscheinlich nehmen heiße Extreme, Hitzewellen und Starkniederschlagsereignisse zu.

---

[45] Vgl. Rahmstorf; Schellnhuber 2006, S. 57.
[46] Vgl. ebd., S. 58.
[47] Vgl. ebd., S. 64.
[48] Vgl. Deutsche IPCC-Koordinierungsstelle 2008.
[49] Ebd., S. 51.
[50] Vgl. ebd., S. 51.

- Es wird eine polwärtige Verlagerung außertropischer Sturmzugbahnen erwartet, die eine entsprechende Veränderung der Wind-, Niederschlags- und Temperaturmuster herbeiführen.
- Wahrscheinlich werden tropische Wirbelstürme, wie Taifune und Hurrikane, intensiver, d.h. sie erreichen höhere Spitzengeschwindigkeiten und mehr Starkniederschläge.
- Die Niederschlagsmengen nehmen einerseits in höheren Breiten sehr wahrscheinlich zu, hingegen nehmen sie wahrscheinlich in subtropischen Landregionen ab.

Im Synthesebericht sind weiterhin die Auswirkungen auf verschiedene Systeme und Sektoren-, sowie auf verschiedene Regionen aufgeführt, worauf an dieser Stelle lediglich hingewiesen wird.

Es ist bereits deutlich geworden, dass durch den anthropogenen Klimawandel tiefgreifende Auswirkungen auf die Umwelt und die Menschheit zu erwarten sind, weshalb eine Thematisierung des Treibhauseffekts im Sachunterricht gerechtfertigt erscheint. Welche Möglichkeiten und Grenzen der Thematisierung sich nach dieser fachlichen Auseinandersetzung ergeben, wird im folgenden Abschnitt zusammengetragen.

2.3 Anmerkungen zu Möglichkeiten und Grenzen

Die Auseinandersetzung mit den Begriffen „Wetter" und „Klima" kann die Grundlage für die Behandlung der Klimawandelproblematik bilden. Im Sinne eines Spiralcurriculums kann so bspw. in der vierten Jahrgangsstufe das Wissen der Schüler zum Wetter aus den vorhergegangenen Klassenstufen aufgegriffen und der Unterschied zwischen den Begriffen erarbeitet werden. Mit dem Begriff des Klimasystems sind hingegen komplexe Wechselbeziehungen der verschiedenen Komponenten des Erdsystems mit der Atmosphäre verbunden, was für Grundschüler kaum fassbar ist. Da für die Thematisierung des Treibhauseffekts diese Zusammenhänge nicht zwingend erforderlich sind, ist es ratsam, auf diese zu verzichten. Ebenso verhält es sich mit der Geschichte des Erdklimas. Die Unterscheidung des natürlichen vom anthropogenen Treibhauseffekt ist wiederum notwendig, um den Schülern begreiflich zu machen, dass der Treibhauseffekt ein natürlicher und lebensnotwendiger Prozess ist, der erst durch das Handeln der Menschen verstärkt und somit zu einem Problem wird. Aufgrund der Komplexität des Treibhauseffekts, muss dieser kindgerecht aufgearbeitet werden, was mit einer

Vereinfachung und Reduzierung einhergeht. Ein Beispiel für eine Erklärung des Treibhauseffekts für Grundschüler ist im Anhang auf Seite 76 aufgeführt. Verschiedene Experimente können den Schülern das Prinzip des Treibhauseffekts näher bringen, wie sie z.B. in dem Arbeitsmaterial „Klimawandel" des Bundesministeriums für Umwelt, Naturschutz und Reaktorsicherheit vorgestellt werden.[51] Auch die Zeitschrift „Grundschule Sachunterricht 41/ 2009" führt verschiedene Unterrichtsbeispiele auf, die sich dem „Klima im Wandel" widmen, so dass Lehrkräfte auf gute Unterrichtsideen zurückgreifen können. Nichtsdestotrotz kann der Treibhauseffekt nicht direkt wahrgenommen oder erfahren werden, weshalb die Schüler immer eine Abstraktionsleistung erbringen müssen und die Arbeit mit Modellen unabdingbar ist. Modelle beinhalten aber meist nur die wesentlichen Faktoren, die für den betrachtenden Prozess bedeutsam sind und bilden die Wirklichkeit daher nur beispielhaft ab. Somit besteht immer die Gefahr, dass Modelle Fehlvorstellungen bei den Schülern hervorrufen bzw. verstärken können. Es ist daher Aufgabe der Lehrkräfte, die benutzten Abbildungen kritisch zu überprüfen, mit den Schülern zu diskutieren und sie auf problematische Aspekte hinzuweisen.

Abschließend ist festzuhalten, dass mit der Thematisierung des Klimawandels bei den Schülern keine Ängste geschürt werden dürfen. Vielmehr sollte der Unterricht vorhandene Ängste thematisieren und Handlungsoptionen aufzeigen, um zu zeigen, dass jeder Mensch etwas zum Umweltschutz beitragen kann. Dies gehört seit den 70er Jahren zur Aufgabe der schulischen Bildung. Doch die Vorstellung von einer schulischen Umwelterziehung hat sich in den letzten Jahrzehnten stark verändert. So wurde im Jahr 1992 ein weltweit zentrales Leitbild für umwelt- und entwicklungspolitische Prozesse gegründet: das Leitbild „Nachhaltige Entwicklung". Was dieses bedeutet und welche Auswirkungen es auf die schulische Bildung hat, wird im nächsten Kapitel dargestellt.

---

[51] Bundesministerium für Umwelt, Naturschutz und Reaktorsicherheit 2010.

3 Nachhaltige Entwicklung und Bildung für Nachhaltige Entwicklung

„Umwelterziehung kann mittlerweile auf eine über (fünfunddreißig) Jahre andauernde Geschichte ihrer Verankerung verweisen."[52] Insbesondere seit den siebziger Jahren wird sich den Umweltproblemen auf nationaler und internationaler Ebene gewidmet.[53] In den folgenden Abschnitten soll die Entwicklung der Umwelterziehung hin zum Leitbild Nachhaltige Entwicklung und in seiner Folge Bildung für Nachhaltige Entwicklung (BNE) in ihren Eckpunkten skizziert werden.

3.1 Entwicklung der Umwelterziehung

3.1.1 Pädagogische Konzepte

Seit Mitte der siebziger Jahre wurden in Deutschland verschiedene Konzepte und Realisierungsvorschläge für die Umwelterziehung diskutiert.[54] Im Wesentlichen entwickelten sich folgende drei Richtungen umwelterzieherischer Ansätze, die kurz skizziert werden:[55]

- Umwelterziehung
    - o Vertreter: Bolscho, Seybold, Eulefeld
    - o Ziel: Förderung einer ökologischen Handlungskompetenz
    - o ökologisches, politisches Lernen verknüpfen mit erlebnishaften Erfahren der Umwelt
    - o Prinzipien ökologischer Lernprozesse:
        - Situationsorientierung (lokale Umweltsituation)
        - Interdisziplinarität (fächerübergreifende Behandlung von Umweltthemen)
        - Handlungsorientierung (Erstellung von Handlungs-produkten)
        - Problemorientierung (systematische Analyse von Beispielen der Umweltzerstörung)

---

[52] Bölts 2002, S. 3.
[53] Vgl. Kahlert 2005, S. 669.
[54] Vgl. Bolscho 2009, S. 27.
[55] Vgl. ebd., S. 27-30.

- Ökopädagogik
  - Vertreter: de Haan
  - gesellschaftskritischer Ansatz: radikale Veränderung grundlegender Vorstellungen von Gesellschaft, Erziehung und der Mensch-Natur-Beziehung gefordert
  - Gegenkonzept zur Umwelterziehung, die als utilitär gesehen wird
  - Selbst-, Wissenschafts-, und Technikkritik soll betrieben werden
- Naturbezogene Pädagogik
  - Vertreter: Göpfert, Göppel
  - ganzheitliche Naturbegegnung im Mittelpunkt
  - Voraussetzung für Umweltschutz: emotional-ganzheitliches Naturverständnis durch sinnenhafte, subjektive Naturerfahrung
  - handlungsorientierter, individueller und meditativer Umgang mit der „heilen Natur"

Während die Ökopädagogik und die Naturpädagogik „über ein Nischendasein nicht hinausgekommen (sind) und (...) in der Folge ihre inhaltliche Substanz (verloren haben)"[56], setzte sich die Umwelterziehung durch. Im nächsten Abschnitt wird erläutert, welche politischen Einflüsse zur Verankerung der Umwelterziehung beigetragen haben.

3.1.2 Schritte zur Verankerung der Umwelterziehung

1971 wurde das erste Umweltprogramm der Bundesregierung verabschiedet. Der Grund dafür war die zunehmende Umweltbelastung und -zerstörung. In diesem Programm sind bereits Aspekte angesprochen wurden, die später auch im Leitbild Nachhaltige Entwicklung wieder aufgegriffen wurden, wie bspw. die Vorsorge für künftige Generationen und der nachhaltige, sparsame Umgang mit verschiedenen Gütern.[57] Für die schulische Bildung wurde u.a. gefordert, dass umweltbewusstes Verhalten als Bildungsziel aller Schulstufen in die Lehrpläne aufgenommen wird. Daraufhin fanden Umweltthemen zögerlich Einzug in die Lehrpläne und Schulbücher, wobei es sich vorrangig um Beschreibungen von Umweltbelastungen handelte.

---

[56] Bölts 2002, S. 2.
[57] Vgl. Bolscho 2009, S. 23f.

Die zweite Hälfte der siebziger Jahre ist auf nationaler Ebene durch eine stagnierende Umweltpolitik gekennzeichnet, aufgrund einer allgemeinen wirtschaftlichen Rezession.[58] Gleichzeitig werden Bürgerinitiativen gegründet und eine wachsende Umweltbewegung ist zu beobachten. Die Ursachen dafür sind u.a. in den Publikationen des Club of Rome[59] zu sehen, der 1972 den Bericht „Die Grenzen des Wachstums" herausbrachte, in dem u.a. Zusammenhänge zwischen dem Bevölkerungswachstum, dem Rohstoffverbrauch und der Umweltverschmutzung thematisiert wurden. Die Katastrophenszenarien über die Endlichkeit der natürlichen Ressourcen, ließen ein ökologisches Bewusstsein in der Bevölkerung entstehen.

1972 fand außerdem die erste Weltumweltkonferenz der Vereinten Nationen in Stockholm statt. Auf Vorschlag dieser Konferenz wurde das UN-Umweltprogramm gegründet, welches sich u.a. mit der Bewertung globaler, regionaler und nationaler Umweltentwicklungen und -bedingungen beschäftigt.

Der nächste wesentliche Schritt in der Entwicklung der Umwelterziehung ist die Weltkonferenz zur Umwelterziehung von 1977 in Tiflis, auf der weltweite Umweltprobleme und irreversible Auswirkungen thematisiert wurden. Die Umwelterziehung wurde daher zu einem weltweit notwendigen Bestandteil von Bildungsprozessen erklärt. Ein Jahr später adaptierte die Bundesregierung die Empfehlungen dieser Konferenz und als Folge dessen brachte die Kultusministerkonferenz 1980 den Beschluss „Umwelt und Unterricht" heraus, in dem das umweltbewusste Verhalten als Bildungsziel aller Lehrpläne und Umwelterziehung als fächerübergreifendes Unterrichtsprinzip festgehalten wurde.[60]

In der Zeit von 1984-1987 wurde von der Weltkommission für Umwelt und Entwicklung, unter der Leitung des damaligen norwegischen Ministerpräsidenten Gro Harlem Brundtland, der Bericht „Our Common Futur" erarbeitet.[61] Der Brundtland-Bericht beeinflusste den internationalen Diskurs über Umweltpolitik maßgeblich und spielte eine entscheidende Rolle bei der Konzeption der Nachhaltigen Entwicklung, da er eine erste Definition von Nachhaltiger Entwicklung lieferte: „Dauerhafte Entwicklung ist Entwicklung, die die Bedürfnisse der Gegenwart befriedigt, ohne zu riskieren, (dass) künftige Generationen ihre eigenen Bedürfnisse nicht befriedigen können."[62] Damit war

---

[58] Vgl. Bolscho 2009, S. 25.
[59] Vereinigung von Personen aus Wissenschaft, Kultur, Wirtschaft und Politik aus allen Regionen der Erde
[60] Vgl. KMK 1980.
[61] Vgl. Bolscho; Seybold 1996, S. 53.
[62] Hauff 1987, S. 46.

die Grundlage für den Paradigmenwechsel geschaffen, der fünf Jahre später mit dem Leitbild Nachhaltige Entwicklung eingeleitet wurde.

3.2 Das Leitbild Nachhaltige Entwicklung

Im Juni 1992 fand in Rio de Janeiro die Konferenz der Vereinten Nationen für Umwelt und Entwicklung statt. Das Ergebnis dieser Konferenz stellt die Verabschiedung und Unterzeichnung der Agenda 21 dar, in welcher die Ziele nachhaltiger Entwicklung zusammengefasst und von fast 180 Staaten unterschrieben wurden. Damit wurde die nachhaltige Entwicklung „zu einem weltweit anerkannten Leitbild staatlichen Handelns erklärt."[63] Jedoch herrscht noch keine einheitliche Umsetzung des Konzeptes und eine allgemeingültige Definition ist bisher nicht formuliert worden. Dobson stellt sogar fest, dass bereits über 300 verschiedene Definitionen zu finden sind.[64] Bolscho schlägt als Ausweg aus dem Definitionsdilemma vor, Nachhaltige Entwicklung „als regulative Idee zu verstehen, für die es nur vorläufige und hypothetische Zwischenbestimmungen geben kann."[65] Begründet wird dieser Vorschlag damit, dass die Vorstellungen von Nachhaltigkeit „sowohl zeit-, situations- als auch kultur- und wissensabhängig sind."[66] Dennoch gibt es weitgehend Einigkeit über die Grundidee der Nachhaltigen Entwicklung, die folgendermaßen formuliert werden kann:

> Den Kern der Idee der nachhaltigen Entwicklung bildet (…) der Anspruch, so zu leben und zu wirtschaften, dass die Lebenschancen und Lebensqualitäten der derzeit auf der Erde lebenden Menschen und die zukünftiger Generationen beachtet werden.[67]

Drei Dimensionen sind als wesentliche Bedingungen für Nachhaltige Entwicklung zu verstehen:

---

[63] Kahlert 2005, S. 670.
[64] Vgl. Dobson 2000, S. 63.
[65] Bolscho 2009, S. 33.
[66] Ebd., S. 33.
[67] Stoltenberg 2002, S. 15.

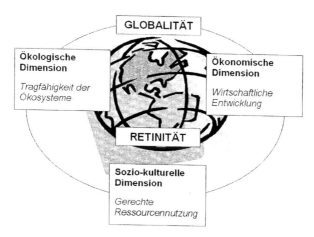

Abb. 6 Dimensionen des Leitbildes Nachhaltige Entwicklung[68]

Die *ökologische Dimension* beschäftigt sich mit Fragen der Tragfähigkeit ökologischer Systeme. Das Ziel sollen stabile Ökosysteme sein, die durch das Einhalten der Belastungsgrenzen und dem Erhalt der Artenvielfalt erreicht werden.[69]

Für die *ökonomische Dimension* stehen sich zwei verschiedene Denkmuster gegen-über. Der sogenannten Effizienzstrategie liegt die Annahme zugrunde, dass stetiges Wachstum die Grundlage für Ökonomie bildet und Umweltfolgen durch technische Innovationen auszugleichen sind.[70] Die Suffizienzstrategie hingegen geht davon aus, dass der Schonung und dem Erhalt der Umwelt oberste Prioritäten zukommen und dadurch neue ökonomische Strukturen erforderlich sind.[71]

Die *sozio-kulturelle Dimension* umfasst die globale Verantwortung für eine intragenera-tive Gerechtigkeit, dem Recht aller Menschen auf Nutzung natürlicher Ressourcen und gleicher Entwicklung, und einer intergenerativer Gerechtigkeit, der Sicherung der Lebensgrundlagen für zukünftige Generationen.

Weiterhin ist Nachhaltige Entwicklung durch Globalität und Retinität gekennzeichnet, wie es auch in der Abbildung 6 deutlich wird. Retinität ist als Vernetztheit zu verstehen und meint, dass die drei Dimensionen miteinander verknüpft werden müssen und dafür

---

[68] Entnommen aus: Bolscho 2009, S. 34.
[69] Vgl. Seybold; Rieß 2002, S. 5.
[70] Vgl. Bolscho; Hauenschild 2007, S. 201.
[71] Vgl. Bolscho 2009, S. 36.

vernetztes Denken unabdingbar ist. Dabei muss über die lokale und regionale Perspektive hinausgegangen und globale Aspekte hinzugenommen werden.

Aus der Darstellung dieser wesentlichen Eckpunkte der Nachhaltigen Entwicklung wird deutlich, dass es sich um ein sehr komplexes Konzept handelt, dass jedoch die Gefahr der Überfrachtung mit sich bringt, „da es eine Vielzahl an Konsequenzen sowohl im globalen als auch im lokalen Kontext impliziert."[72] Was diese Komplexität für Bildungskonzepte bedeutet, wird im nächsten Abschnitt dargestellt.

3.3 Bildung für Nachhaltige Entwicklung

Nachhaltige Entwicklung erfordert u.a. eine Veränderung unserer Lebensweise und ist damit eine Aufgabe für Bildung. 1998 wurde ein Orientierungsrahmen „Bildung für eine nachhaltige Entwicklung" der Bund-Länder-Kommission für Bildungsplanung und Forschungsförderung (BLK) verabschiedet. Mit diesem Dokument formte die BLK den Begriff „Bildung für nachhaltige Entwicklung" (BNE) aus und definierte für verschiedene Bildungsbereiche u.a. didaktische Prinzipien und Schlüsselkompetenzen. Damit war ein entscheidendes Fundament für das BLK-Programm „21" geschaffen, welches den Transfer der BNE in die Schulen initiieren und unterstützen wollte. Während des Programms ist ein Grundkonzept zur BNE erarbeitet worden, welches als Orientierung für die Unterrichtsgestaltung dienen kann. Im Folgenden werden die wesentlichen Ziele und Prinzipien der BNE für die schulische Praxis erläutert.

3.3.1 Bildungsziel und didaktische Prinzipien von BNE

Das BLK-Programm 21 lief von August 1999 bis Juli 2004 an ca. 200 Schulen der Sekundarstufen I und II. Die Ziele des Programms waren die „Verankerung der Bildung für eine nachhaltige Entwicklung in der schulischen Regelpraxis", sowie die „Vermittlung von Gestaltungskompetenz an Schülerinnen und Schüler."[73] Während das erstgenannte Ziel u.a. auf organisatorische Veränderungen, sowie der Veränderung von Rahmenrichtlinien abzielt, formuliert das zweite Ziel das oberste Bildungsziel von BNE: Gestaltungskompetenz.

---

[72] Bolscho 2009, S. 34.
[73] BLK-Kommission 2004, S. 7.

Mit Gestaltungskompetenz wird das nach vorne weisende Vermögen bezeichnet, die Zukunft von Sozietäten, in denen man lebt, in aktiver Teilnahme im Sinne nachhaltiger Entwicklung modifizieren und modellieren zu können.[74]

Gestaltungskompetenz wird als Oberbegriff verstanden, welcher zunächst acht Teilkompetenzen umfasste. Im Jahr 2008 wurde das Kompetenzmodell überarbeitet und auf 12 Teilkompetenzen erweitert:[75]

1. weltoffen und neue Perspektiven integrierend Wissen aufbauen

2. vorausschauend Entwicklungen analysieren und beurteilen können

3. interdisziplinär Erkenntnisse gewinnen und handeln

4. Risiken, Gefahren und Unsicherheiten erkennen und abwägen können

5. gemeinsam mit anderen planen und handeln können

6. Zielkonflikte bei der Reflexion über Handlungsstrategien berücksichtigen können

7. an kollektiven Entscheidungsprozessen teilhaben können

8. sich und andere motivieren können, aktiv zu werden

9. die eigenen Leitbilder und die anderer reflektieren können

10. Vorstellungen von Gerechtigkeit als Entscheidungs- und Handlungsgrundlage nutzen können

11. Selbstständig planen und handeln können

12. Empathie für andere zeigen können

Ein zur Nachhaltigkeit erziehender Unterricht bietet also die Möglichkeit, diese Kompetenzen zu erlangen. Durch die Ausbildung der Gestaltungskompetenz sollen die Schüler zu einer aktiven Gestaltung einer ökologisch verträglichen, wirtschaftlich leistungsfähigen und sozial gerechten Umwelt befähigt werden. Globale Aspekte, demokratische Grundprinzipien und die kulturelle Vielfalt sind dabei stets zu berücksichtigen.

Für einen Unterricht, der Gestaltungskompetenz zum Ziel hat, ist die Ausrichtung an ausgewählten didaktischen Prinzipien von zentraler Bedeutung. Folgende didaktische Prinzipien sind charakteristisch für BNE:[76]

- *Visionsorientierung;*

  Im Unterricht werden Visionen für eine erwünschte Zukunft entworfen. Es stehen nicht mehr die Katastrophenszenarien und deren Lösung im Mittelpunkt,

---

[74] De Haan; Harenberg 1999, S. 60.
[75] Vgl. http://www.transfer-21.de/index.php?p=222 (Stand:19.06.2011)
[76] Vgl. Künzli David (…) 2008, S. 18.

sondern vielmehr Fragen nach der Zukunft, welche Möglichkeiten es dafür gibt und wie diese erreicht werden können.

- *Vernetztes Lernen:*
  Das Ziel des Unterrichts ist die Förderung vernetzten Denkens. Dazu werden verschiedene Perspektiven in Verbindung gesetzt. Dies geschieht explizit und angeleitet. Insbesondere Vernetzungen von Gegenwart und Zukunft, von lokalen und globalen Bereichen, sowie den ökologischen, ökonomischen und soziokulturellen Dimensionen sind zu berücksichtigen.

- *Partizipationsorientierung*
  Die Schüler beteiligen sich an ausgewählten Entscheidungen, die den Einzelnen oder die Klasse betreffen und tragen die Folgen dieser Entscheidung mit.

Neben diesen spezifischen Prinzipien, spielen für die BNE auch allgemeine didaktische Prinzipien eine Rolle:[77]

- *Handlungs- und Reflexionsorientierung:*
  Eine handelnde Auseinandersetzung mit dem Unterrichtsgegenstand wechselt sich stets mit einer Reflexion darüber ab. Dies führt zu vertieften Erkenntnissen.

- *Zugänglichkeit*
  Anspruchsvolle Inhalte werden den Schülern zugänglich gemacht. Dabei muss das Gelernte eine Bedeutung für das gegenwärtige und zukünftige Leben der Schüler besitzen. Das Vorwissen und den Erfahrungshorizont der Lernenden sollte in Erfahrung gebracht und dann daran angeknüpft werden.

- *Verbindung von sachbezogenem mit sozialem, selbstbezogenem und methodenorientiertem Lernen:*
  An konkreten Lerninhalten werden soziale, persönliche und methodische Kompetenzen situativ erworben und mit dem Sachthema verbunden.

Für BNE ist es erforderlich, diese aufgeführten Prinzipien im Unterricht zu kombinieren. „Von BNE lässt sich also nur dann sprechen, wenn die spezifischen und die allgemeinen didaktischen Prinzipien während einer Unterrichtsreihe (…) handlungsleitend sind."[78]

Nachdem die grundlegenden Aspekte der BNE vorgestellt wurden, stellt sich die Frage, ob und wie BNE in der Grundschule erreicht werden kann und sollte. Der nächste Abschnitt versucht eine Antwort darauf zu geben.

---

[77] Vgl. Künzli David (…) 2008, S. 18.
[78] Künzli David (…) 2008, S. 18.

3.3.2 BNE in der Grundschule

Nachhaltigkeit lernen in der Grundschule - ist das überhaupt möglich? Ist die Thematik nicht viel zu kompliziert und anspruchsvoll, um sie mit Grundschülern zu behandeln?

Eine wesentliche Aufgabe der Grundschule ist die Erschließung der Lebenswelt der Schüler. Diese sind nicht nur als Adressaten von Umweltbildung zu verstehen, sondern auch als potenzielle Akteure in der Gesellschaft.[79] Bereits im Kindesalter werden Verhaltensweisen erlernt. Da Umweltprobleme aus „fehlangepassten Verhaltensweisen"[80] resultieren, ist es ratsam, verschiedene Handlungen und Lebensweisen und deren Folgen für die Umwelt bereits in der Grundschule zu thematisieren.

Zunächst wurden die Grundschulen im BLK-Programm „21" nicht berücksichtigt. Dies änderte sich jedoch mit dem Nachfolgerprogramm „Transfer-21", welches von 2004 bis 2008 lief und auch Grund- und Ganztagsschulen einbezog. Im Laufe des Programms sind zahlreiche Materialien entstanden, die für den Unterricht in der Grundschule genutzt werden können. Des Weiteren wurde in verschiedenen Projekten BNE in der Grundschule mit Erfolg erprobt. Auf der Homepage des Programms werden u.a. die Materialien und Konzepte für eine BNE in der Grundschule vorgestellt, weshalb diese Seite insbesondere für Lehrkräfte sehr zu empfehlen ist.[81]

Gerhard de Haan, der Leiter der Koordinationsstelle von Transfer 21 an der Freien Universität Berlin, hat die wesentlichen Bedenken gegen eine BNE in der Grundschule zu entkräften versucht:[82]

1. Bedenken hinsichtlich des entwicklungspsychologischen Standes der Schüler
2. Nachhaltigkeit als ein zu komplexes Thema für die Grundschule
3. die Kinder tragen nicht die Verantwortung für die derzeitigen Umweltprobleme
4. Wie soll Nachhaltigkeit gelehrt werden, ohne Ängste bei den Kindern zu schüren?
5. Der Ansatz der Gestaltungskompetenz wurde für die Sekundarstufe entwickelt. Kann dieser auf die Grundschule übertragen werden?
6. Welche Themen sollen überhaupt in der Grundschule behandelt werden?

De Haans Argumente können folgendermaßen zusammengefasst werden: (1) Vorstellungen von Gerechtigkeit/Ungerechtigkeit, altruistisches Handeln und Mitgefühl können

---

[79] Vgl. Bolscho 2009, S. 72.
[80] Ebd., S. 72.
[81] http://www.transfer-21.de/ (Stand: 19.06.2011)
[82] Vgl. De Haan 2009.

bereits im frühen Kindesalter herausgebildet werden. Zahlreiche Initiativen können dafür als Beweis dienen. (2) Eine Reduktion der Komplexität von Nachhaltigkeit ist zwar unerlässlich, jedoch gibt es zahlreiche nachhaltigkeitsrelevante Themen, die sich bereits für die Grundschule eignen. So sind z.B. vom Bundesministerium für Umwelt, Naturschutz und Reaktorsicherheit (BMU) Materialien für die Grundschule zur Biologischen Vielfalt, Umwelt und Gesundheit, Klimawandel, Erneuerbare Energien etc. entstanden, die als Beweise dafür dienen können, dass Nachhaltigkeit in der Grundschule gelehrt werden kann. (3) Kinder sind zwar nicht für die aktuelle nichtnachhaltige Entwicklung verantwortlich, wenn sie aber in der Zukunft Verantwortung übernehmen sollen, kommt die Schule gar nicht umhin, sich mit Nachhaltigkeit zu beschäftigen, da die nichtnachhaltige Entwicklung nicht zukunftsfähig ist. (4) BNE hat die Aufgabe, sich auf positive Ziele zu stützen, die durch den Einzelnen oder die Gemeinschaft erreichbar sind. Dadurch werden Ängste abgebaut und nicht geschürt. (5) Das Konzept der Gestaltungskompetenz lässt sich auch auf die Grundschule übertragen. Für jede Teilkompetenz hat de Haan verschiedene Methoden angegeben, die sich für das Erreichen dieser Kompetenz besonders eignen. (6) Es sind sieben nachhaltigkeitsrelevante Themen formuliert wurden, denen eine gewisse Präferenz zuzusprechen sind: Erneuerbare Energien, Klimawandel, Ressourcenmanagement, Ernährung und Gesundheit, Ökosysteme, Biologische Vielfalt und Konsum. Allerdings schließen sie die Behandlung anderer Themen nicht aus. Als zusätzliche Hilfe für die Auswahl eines geeigneten Themas für BNE ist eine Checkliste formuliert wurden, die im Didaktischen Leitfaden zu BNE in der Primarstufe zu finden und im Internet abrufbar ist.[83]

Zusammenfassend wurde gezeigt, dass BNE in der Grundschule möglich und erforderlich ist. Die Vorteile der Thematisierung des Treibhauseffekts im Sinne einer BNE sind vielfältig. So können die Schüler Gestaltungskompetenz erlangen und somit ein ökologisches und soziales Problembewusstsein entwickeln. Die Klimawandelproblematik erfordert insbesondere, dass die Schüler Problemlösekompetenzen erlangen, indem sie durch konkretes Handeln, wie z.B. Umweltschutz-Aktionen in der Schule, selbst tätig werden und verschiedene Handlungsoptionen kennen lernen. Dabei spielen Evaluierungs- und Reflexionsprozesse eine wichtige Rolle, um u.a. die Effektivität der Maßnahmen zu überprüfen. Anhand der Aussagen von Gerhard de Haan wurden Bedenken bezüglich der Umsetzung von BNE in der Grundschule entkräftet und zugleich verdeutlicht, dass der Klimawandel ein wichtiges nachhaltigkeitsrelevantes

---

[83] http://www.transfer-21.de/index.php?p=199 (Stand: 19.06.2011)

Thema ist, weshalb auch der Treibhauseffekt bereits für die Grundschule bedeutsam ist. Als Fazit der bisherigen Ergebnisse dient daher die Aussage von Ute Stoltenberg:

> Nachhaltige Entwicklung lernen heißt also nicht, Kinder mit Erwachsenen-Themen zu belasten, sondern Grundeinsichten über Zusammenleben mit anderen Menschen, mit der Natur und anderen Lebewesen unter einem anderen Horizont zu behandeln.[84]

---

[84] Stoltenberg 2002, S. 29.

4 Überblicksstudie zum Treibhauseffekt im Sachunterricht

4.1 Begründung und Ziel der Studie

Der konzeptionelle Anspruch des Sachunterrichts als Lernbereichsdidaktik, die zwischen Kind und Sache zu vermitteln sucht, bietet eine fruchtbare Basis für die Implementation einer per se inter- und transdisziplinär ausgerichteten BNE.[85]

Im Grundschulbereich ist es insbesondere der Sachunterricht, der mit BNE kompatibel ist. Der Perspektivrahmen der Gesellschaft für Didaktik des Sachunterrichts (GDSU) führt die sozial- und kulturwissenschaftliche, die raumbezogene, die naturbezogene, die technische und die historische Perspektive auf, um die Anschlussfähigkeit, sowohl an Schulfächer weiterführender Schulen, als auch an die Lebenswelterfahrungen der Schüler zu sichern.[86] „Aspekte von BNE sind an alle Perspektiven (…) und im Besonderen an die perspektivenübergreifenden Vernetzungsbeispiele anschlussfähig: Arbeit um Umwelt, wirtschaftliches Handeln, Verhältnis von Mensch zur Natur (…).“[87] Im Sachunterricht werden daher nicht nur naturwissenschaftlich-technische, sondern auch sozial- und kulturwissenschaftliche Themen behandelt. Deswegen bietet sich der Sachunterricht als integratives Fach an, „als ein Fundament für Bildung für Nachhaltige Entwicklung zu fungieren, auf dem systematisch Problemstellungen gegenwärtiger und zukünftiger Entwicklungen erschlossen werden können.“[88]

Als ein wesentliches Thema für nachhaltige Bildung in der Grundschule wurde von de Haan u.a. der Klimawandel genannt (Vgl. 3.2.2) und wie in der Einleitung bereits deutlich wurde, ist der Klimawandel ein aktuelles Thema, dass in den Medien und im öffentlichen Diskurs immer wieder präsent ist. Meldungen über den Klimawandel, insbesondere wenn sie „reißerisch" aufgemacht sind, können auf Grundschüler jedoch bedrohlich wirken. Dies kann dazu führen, dass die Schüler Zukunftsängste entwickeln. Daher ist es Aufgabe des Sachunterrichts, insbesondere im Sinne des Lebensweltbezuges, auf das unterschiedliche Wissen der Schüler einzugehen, damit sie evtl. bestehende Ängste artikulieren können.

---

[85] Bolscho 2009, S. 73.
[86] Vgl. Gesellschaft für Didaktik des Sachunterrichts 2002, S. 3.
[87] Bolscho 2009, S. 74.
[88] Bolscho; Hauenschild 2007, S. 203.

Die (Schüler) sollten auch über die Ursachen des Klimawandels sachlich informiert werden. Vor allem deshalb, weil hier Handlungsmöglichkeiten für uns alle, auch für die (Schüler), begründet sind.[89]

In Abschnitt 2.2 wurde erläutert, dass, nach Ansicht vieler Wissenschaftler, der anthropogene Treibhauseffekt als Hauptverursacher für den Klimawandel bzw. die Erderwärmung zu verstehen ist. Deswegen befasst sich die vorliegende Studie mit dem Treibhauseffekt als mögliches Thema für den Sachunterricht und versucht zu klären, in wie fern der Treibhauseffekt bereits ein Thema für den Sachunterricht sein kann.

4.2 Vorgehen und Forschungsfragen

Da die Studie versucht, einen Überblick über den Treibhauseffekt als Thema für den Sachunterricht zu geben, werden folgende Komponenten berücksichtigt, die als grundlegend für Unterricht erachtet werden: Rahmenlehrplan und Schulbuch als äußere Rahmenbedingungen, sowie Lehrkraft und Schüler als Akteure des Unterrichts. Folgende Forschungsfragen sind dabei leitend:

1. Wie wird mit dem Treibhauseffekt bzw. dem Klimawandel in den Sachunterrichts-Rahmenplänen der Bundesländer umgegangen?
2. Wie thematisieren Schulbücher für den Sachunterricht das Thema Treibhauseffekt und Klimawandel bzw. welche Anknüpfungsmöglichkeiten bieten sie?
3. Welche Erfahrungen haben Lehrkräfte mit dem Treibhauseffekt als Sachunterrichtsthema gemacht?
4. Welches Vorwissen besitzen Schüler zum Klimawandel bzw. Treibhauseffekt?

Die Untersuchung beschränkt sich dabei auf die vierte Jahrgangsstufe, da davon ausgegangen wird, dass in den ersten Schuljahren zunächst Wissen zum Thema „Wetter" angeeignet wird, auf dass dann das Thema „Klimawandel" und der Treibhauseffekt als Bestandteil dieses Themas, aufbauen kann. Hinsichtlich der Methodik wurde sich für eine qualitative Untersuchung entschieden, die einen tiefen Informationsgehalt der Ergebnisse ermöglicht, ohne repräsentative Aussagen machen zu können.

Die ausgewählten Rahmenpläne und Schulbücher werden im Hinblick auf mögliche Anknüpfungspunkte an die nachhaltigkeitsrelevanten Themen, wie sie Gerhard de Haan (Vgl. 3.3.2) vorschlägt, analysiert. Um zu überprüfen, inwieweit nachhaltige

---

[89] Unglaube 2009, S. 19.

Bildung in den Rahmenplänen und Schulbüchern integriert ist, wird untersucht, ob und wie diese Themen in den Rahmenplänen und Schulbüchern aufgeführt werden.

Den Lehrkräften wird ein standardisierter Fragebogen ausgehändigt, d.h. jede Lehrkraft erhält Fragen in der gleichen Reihenfolge und Formulierung, der überwiegenden aus offenen Fragen besteht, also die Befragten die Antworten frei formulieren können. Dieses Vorgehen bietet sich an, da die persönlichen Meinungen und Einstellungen der Lehrkräfte erfasst werden sollen.

Für die Schülerbefragung wurde sich für das problemzentrierte Interview entschieden, da diese Interviewform es ermöglicht, „einem offenen Gespräch nahe zu kommen."[90] Dass die Schüler frei antworten können, bringt u.a. die Vorteile mit sich, dass sie „ihre ganz subjektiven Perspektiven und Deutungen offen legen"[91], sowie „selbst Zusammenhänge, größere kognitive Strukturen im Interview entwickeln".[92] Das problemzentrierte Interview wurde mit der Gruppendiskussion verknüpft, um die Meinungen mehrerer Schüler gleichzeitig zu erfahren. In den einzelnen Untersuchungen wird das jeweilige Vorgehen noch einmal genauer erläutert.

4.3 Äußere Rahmenbedingungen

4.3.1 Rahmenlehrpläne für den Sachunterricht unter der Perspektive der Nachhaltigkeit

4.3.1.1 Vorüberlegungen

Einen Rahmenrichtlinienvergleich der Lehrpläne für den Sachunterricht aller Bundesländer haben 1996 Ilona Böttger und Korinna Schack durchgeführt.[93] Dabei haben sie auch den Bereich der Umweltpädagogik untersucht und stellten zusammenfassend fest, dass sich Umweltschutz als ein konstitutives Element aller Bundesländer darstellt, da es in allen Lehrplänen Berücksichtigung findet.[94] Mit dem Paradigmenwechsel zur BNE haben sich neue Anforderungen für die schulische Bildung entwickelt, da Erziehung zur Nachhaltigkeit über den traditionellen Umweltschutz hinaus geht, wie bereits im Abschnitt 3.2 erläutert wurde. Ute Stoltenberg hat 2002 die Lehrpläne für den Sachunterricht von vier Bundesländern (Niedersachsen, Hessen, Sachsen, Sachsen-

---

[90] Vgl. Mayring 2002, S. 67.
[91] Ebd., S. 68.
[92] Ebd., S. 68.
[93] Vgl. Böttger; Schack 1996.
[94] Vgl. ebd., S. 246.

Anhalt) unter der Perspektive der Nachhaltigkeit untersucht.[95] So stellte sie heraus, dass sich durchaus Anknüpfungspunkte für nachhaltige Bildung in den Ländervorgaben finden lassen, Nachhaltigkeit aber nicht explizit als didaktische Orientierung herangezogen wird. Inwieweit dies noch heute auf die Rahmenpläne zutrifft und ob der Treibhauseffekt als nachhaltigkeitsrelevantes Thema berücksichtigt wird, wird in der folgenden Untersuchung erfragt. Für die Analyse werden vier verschiedene Bundesländer einbezogen, die noch nicht Bestandteil der Untersuchung von Ute Stoltenberg waren.

Somit werden die Rahmenlehrpläne folgender vier Bundesländer betrachtet:

- Bayern („Gesamtlehrplan Grundschule", seit 2000)
- Berlin („Rahmenlehrplan Grundschule. Sachunterricht", seit 2004)
- Saarland („Kernlehrplan Sachunterricht Grundschule", seit 2010)
- Thüringen („Lehrplan für die Grundschule und für die Förderschule mit dem Bildungsgang Grundschule. Heimat- und Sachkunde", seit 2010)

4.3.1.2 Vorgehen

Rahmenlehrpläne beschreiben u.a. die zu vermittelnde Themen und Inhalte der Jahrgangsstufen. Doch am Beginn der Rahmenpläne stehen meist die Beschreibungen der Standards bzw. Kompetenzerwartungen. Diese formulieren die Ziele, die das Fach „Sachunterricht" (in den Bundesländern auch als „Heimat- und Sachkunde" oder „Heimat- und Sachunterricht" bezeichnet) als Beitrag zu den Bildungs- und Erziehungsaufgaben der Grundschule leisten soll. Daher wird zunächst untersucht, ob sich Aussagen zur BNE oder zur Umwelterziehung[96] in den Kompetenzbeschreibungen der Rahmenrichtlinien der einzelnen Bundesländer finden lassen bzw. ob BNE/Umwelterziehung als eigenständige Lernbereiche oder fächerübergreifende Bildungsziele formuliert werden. Dies bedeutet, wenn Aspekte von BNE bzw. der Umwelterziehung nicht in den Zielformulierungen aufgeführt sind, kann auch nicht erwartet werden, diese in den verbindlichen Themenvorschlägen zu finden.

---

[95] Vgl. Stoltenberg 2002.
[96] Umwelterziehung wird einbezogen, da davon ausgegangen wird, dass sie als „Vorgänger" der BNE zweifelsfrei in den Rahmenrichtlinien zu finden ist.

4.3.1.2.1 Nachhaltigkeit bzw. Umwelterziehung in den Kompetenzerwartungen-Bayern

Der Gesamtlehrplan für die bayerische Grundschule (seit 2000 in Kraft) formuliert elf fächerübergreifende Bildungs- und Erziehungsaufgaben, wobei die Umwelterziehung eine dieser Aufgaben darstellt.

Die Aufgabe der Umwelterziehung wird darin gesehen, einen Grundstein zu legen, für einen „verantwortungsbewussten Umgang der Schüler mit Umwelt und Natur."[97] Durch den Nutzen der heimatlichen Umgebung als außerschulischen Lernort, lernen die Schüler den Wert der Natur schätzen und werden für ihre Gefährdungen sensibilisiert. Dadurch entwickeln die Schüler eine Bereitschaft zum Schutz der Natur.

Dabei wird ausdrücklich auf die Vorbildfunktion der Lehrkraft hingewiesen. Die Teilnahme an örtlichen Vorhaben, wie z.B. der Agenda 21 wird empfohlen, um den Schülern die gesellschaftliche und politische Dimension von Umweltfragen zu verdeutlichen und ihnen Anstöße zu geben, einmal Verantwortung zu übernehmen.

Berlin

Im Rahmenlehrplan Grundschule für den Sachunterricht (seit 2004 in Kraft) wird Umwelterziehung oder BNE nicht explizit genannt. Bei der Betrachtung der Kompetenzbeschreibungen sind jedoch Aspekte zu finden, die auf einen verantwortungsbewussten Umgang mit der Umwelt hinweisen. So sollen die Schüler Verantwortung im Umgang mit der Natur übernehmen und ökologische Gesichtspunkte beachten.[98] Des Weiteren sollen sie die Verantwortung der Menschen bei der Nutzung und Umgestaltung von Räumen beschreiben können und dementsprechend handeln können.[99] Dies schließt die Gestaltung von Räumen in der Natur mit ein.

Im Themenfeld „Naturphänomene erschließen" steht das Verhältnis des Menschen zur Natur im Mittelpunkt. Es wird darauf hingewiesen, dass die unmittelbare Begegnung der Schüler mit der belebten und unbelebten Natur unentbehrlich ist, da sie den Schülern nicht nur die Möglichkeit bietet, Erfahrungen und Kenntnisse zu erweitern, sondern auch die Entwicklung und Stärkung einer positiven emotionalen Bindung zur Natur bewirkt.[100]

---

[97] Bayerisches Staatsministerium für Unterricht und Kultus 2000, S. 15.
[98] Vgl. Senatsverwaltung für Bildung, Jugend und Sport Berlin 2004, S. 20.
[99] Vgl. ebd., S. 20.
[100] Vgl. ebd., S. 28.

Der Unterricht im Themenfeld Naturphänomene erschließen schärft die Wahrnehmung der Schülerinnen und Schüler für die Gefährdung der Natur, regt sie zu Aktivitäten zum Schutz der Umwelt an und unterstützt sie bei der Realisierung ihrer Vorhaben.[101]

Saarland

Der Kernlehrplan Sachunterricht für die Grundschule (seit 2010 in Kraft) weist vier große Themenkomplexe aus, in denen die Kompetenzen aus den Kompetenzbereichen Sach-, Methoden-, Sozial- und Personalkompetenz erworben werden können.

- Themenkomplex 1: Themenfelder Mensch, Tier und Pflanze,
- Themenkomplex 2: Themenfelder Unbelebte Natur und Technik,
- Themenkomplex 3: Themenfelder Raum und Zeit,
- Themenkomplex 4: Themenfelder Individuum, Gruppe und Gesellschaft.

Zu dem vierten Themenkomplex zählt auch die „Umwelterziehung" als eigenständiger Bereich. In der ersten und zweiten Klasse sollen die Schüler vor allem Maßnahmen zur Abfallvermeidung und Mülltrennung kennen und anwenden. Für die dritte und vierte Klasse wird das Ziel formuliert, Maßnahmen zum Umweltschutz zu kennen und anwenden zu können. Dabei sind in allen Jahrgangsstufen die Aspekte „Müllvermeidung und Mülltrennung" sowie „bewusster Umgang mit Energie und Wasser" von zentraler Bedeutung.

Thüringen

Der „Lehrplan für die Grundschule und für die Förderschule mit dem Bildungsgang Grundschule für Heimat- und Sachkunde" (seit 2010 in Kraft) weist in seinen Kompetenzbeschreibungen an drei verschiedenen Stellen auf Aspekte des Umgangs des Menschen mit der Natur hin:

- „Die Verantwortung des Menschen für alle Lebensräume und Lebewesen wird der Schüler als unverzichtbaren Auftrag in Gegenwart und Zukunft entdecken und befürworten." (Bereich „Lebewesen und Lebensräume", S. 9)
- „Wasser wird der Schüler in seinen unterschiedlichen Zustandsformen beschreiben und als Grundlage allen Lebens erkennen, die es zu schützen gilt." (Bereich „Natur und Technik", S. 13)

---

[101] Ebd., S. 28.

- „Der Schüler wird seine eigene und fremde Kulturen, die vergangenen und die gegenwärtigen Kulturen als schützenswert achten und sie als Orientierungsrahmen menschlichen Handelns begreifen." (Bereich „Raum und Zeit", S. 16)

Zusätzlich zu dem Rahmenlehrplan kamen 2010 die „Leitgedanken zu den Thüringer Lehrplänen für die Grundschule" heraus. Darin wird BNE ausdrücklich als fächerübergreifende Aufgabe formuliert. Als mögliche Schlüsselthemen werden „Umgang mit Ressourcen, Wetter und Klima, Energie – Mobilität, Menschenrechte, Leben in der einen Welt, Konsum- und Lebensstile, Gesundheit oder Artenvielfalt" genannt.[102]

Diese allgemeinen Ziele werden in den Rahmenplänen anschließend in einer Auflistung von relevanten Themen für die jeweilige Jahrgangsstufe konkretisiert. Als zweiten Schritt schließt sich deswegen die Untersuchung dieser Themenvorschläge an.

4.3.1.2.2 Nachhaltigkeitsrelevante Themen in den einzelnen Rahmenrichtlinien

Um zu prüfen, inwieweit die Rahmenlehrpläne nachhaltige Bildung integrieren bzw. ermöglichen, wurden die Themenvorschläge der Bundesländer auf Anknüpfungsmöglichkeiten hinsichtlich der wesentlichen nachhaltigkeitsrelevanten Themen (Vgl. 3.3.2) untersucht. Diese Anknüpfungspunkte sind in der folgenden Tabelle 2 dargestellt. Der Treibhauseffekt als Ursache für die Erderwärmung ist demzufolge dem Thema Klimawandel zuzuordnen. Es ist zu beachten, dass diese Tabelle kein Anspruch auf Vollständigkeit erhebt, sondern vielmehr wesentliche Aussagen zusammenfassend aufführt. Die Angaben zu Bayern sind als Oberthemen zu verstehen, die noch weiter untergliedert werden können.

---

[102] Thüringer Ministerium für Bildung, Wissenschaft und Kultur 2010a, S. 10.

Themen nachhaltiger Bildung	Bayern	Berlin	Saarland	Thüringen
Erneuerbare Energien	**Verantwortungsbewusste Nutzung von Strom** • Strom sparen als Notwendigkeit begreifen • Stromgewinnung: Möglichkeiten und Risiken • erneuerbare Energiearten	**Technische Entwicklungen und Herstellungsverfahren** • unterschiedliche Möglichkeiten der Energieumsetzung benennen und vergleichen	**Unbelebte Natur und Technik** • Energieformen, Energieträger und Formen alternativer Energiegewinnung • Umweltbewusster Umgang mit Energien	**Natur und Technik** • für Wasser & Luft jeweils die Bedeutung als erneuerbarer Energieträger benennen
Ressourcen-management	**Abfallentsorgung als Aufgabe der Gemeinde** • Abfallarten unterscheiden • Möglichkeiten der Abfallverwertung und -entsorgung kennen • Abfallvermeidung in der Klasse, in der Schule praktizieren **Wasserversorgung, Abwasseraufbereitung als Aufgaben der Gemeinde**	**Naturphänomene erschließen** • Trinkwasserversorgung und Abwasserentsorgung erkunden, darstellen und erklären	**Umwelterziehung** • Müllvermeidung und Mülltrennung • bewusster Umgang mit Energie und Wasser	**Natur und Technik - Wasser** • Wasser als Ressource: · Wasservorräte, · Wasserreservoir, · erschwerter Zugang zu sauberem Trinkwasser **Stoffe** • die Aufbereitung & Wiederverwendung von Stoffen (Mülltrennung und Recycling) erläutern.

Themen nachhaltiger Bildung	Bayern	Berlin	Saarland	Thüringen
Ernährung & Gesundheit	**Mein Körper** • Voraussetzungen für eigenes Wohlbefinden kennen	**Gesundheitsförderung** • Ernährungsgewohnheiten vergleichen und bewerten	**Gesundheitsbewusstes Verhalten** • Gesunde Ernährung • Gesundheitsförderung / -belastung • Reflexion über eigenes Verhalten zur Gesundheit	**Mensch** • Maßnahmen zur gesunden Lebensweise nennen und ableiten • über seine Körperhygiene und Ernährung reflektieren.
Ökosysteme	**Leben mit der Natur- Ökosystem Wald** • Der Wald im Jahreslauf • Tiere des Waldes • Pflanzen und Pilze des Waldes • Bedeutung des Waldes	**Naturphänomene erschließen- Biotop** • Lebensbedingungen von Pflanzen und Tieren und ihre wechselseitige Abhängigkeit in einem Biotop untersuchen und dokumentieren (Bedeutung eines Biotops für Fortpflanzung, Schutz und Ernährung der Lebe-wesen)	**Themenfeld Tier und Pflanze** • Tiere und Pflanzen in einem naturnahen Lebensraum • Ökosystem, z. B. Wald, Wiese, Teich, Garten, Bach	**Lebensräume** • die Bedeutung und den Nutzen des Waldes für Pflanzen, Tiere und Menschen beschreiben, • Beziehungen zwischen Lebewesen im Lebensraum Wald beschreiben
Biologische Vielfalt	**Leben mit der Natur- Wasser als Lebensraum für Tiere und Pflanzen** • Tiere und Pflanzen am und im Gewässer unterscheiden und benennen	**Naturphänomene erschließen Biotop** • Angepasstheit eines Tieres an seinen Lebensraum erkunden und dokumentieren • Pflanzen nach ausgewählten Merkmalen vergleichen und ordnen	**Tiere und Pflanzen** • Artenvielfalt der Natur erkennen und wertschätzen	**Sachkompetenz Tiere** • ausgewählte Nutztiere erkennen und benennen • Pflanzen miteinander vergleichen

Themen nachhaltiger Bildung	Bayern	Berlin	Saarland	Thüringen
Konsum	**Wünsche und Bedürfnisse - Werbung** • Werbung betrachten und ihre Wirkung untersuchen • Für ein konkretes Vorhaben werben	**Zusammen leben - Sich als Konsument verhalten** • Konsumverhalten reflektieren • Wirkungen des Konsumverhaltens auf das Zusammenleben der Menschen untersuchen • Wirkungsweisen der Werbung reflektieren • Beispiele für die globalisierte Produktion kennen und sich mit den Folgen auseinander setzen	**Individuum, Gruppe und Gesellschaft** • Konsum und Werbung • Ökologische Aspekte des Konsumverhaltens	**Individuum und Medien** • den eigenen Medienkonsum überdenken
Klimawandel	/	/	**Unbelebte Natur und Technik** Klima: • Unterschied Wetter/Klima • Klimawandel: Ursachen, Wirkungen, Folgen und Klimaschutz	/
Aspekte Umweltschutz	• Maßnahmen zum Schutz des Waldes • Umweltverträglichkeit • Umweltfreundlichkeit • Achtung & Verantwortung gegenüber Tieren & Pflanzen • Gewässer schützen • Grundwasserschutz • Umweltschutz im Betrieb • Rad fahren zur Schonung der Umwelt	• Pflanzenschutz • Schutz der Lebewesen • sich mit Gefährdungen eines Biotops auseinander setzen • mit der Natur verantwortungsvoll und umweltbewusst umgehen • Verantwortung für das Erhalten der Umwelt tragen	• Klimaschutz • Maßnahmen zum Umweltschutz kennen und anwenden • Verhaltensregeln im Umgang mit Pflanzen und Artenschutz • Umweltbewusster Umgang mit Energien	• Maßnahmen zum Schutz der Natur beschreiben • sich im Rahmen des Naturschutzes verantwortungsbewusst verhalten • Verhaltensregeln zum Schutz der Lebensräume einhalten • Trink- und Gewässerschutz beschreiben

Tab. 2 Zusammenfassung der Anknüpfungsmöglichkeiten der Bundesländer an die nachhaltigkeitsrelevanten Themen

4.3.1.3 Auswertung

Aus den Kompetenzbeschreibungen der einzelnen Bundesländer geht deutlich hervor, dass jedes Bundesland die Beziehung des Menschen zu seiner Umwelt, die es zu schützen gilt, als wesentlichen Unterrichtsgegenstand auffasst. Jedoch wird nachhaltige Bildung noch nicht explizit als didaktische Orientierung in den Rahmenplänen herangezogen. Das Saarland greift den Begriff „Nachhaltigkeit" gar nicht auf und im Rahmenlehrplan von Berlin wird von Nachhaltigkeit nur im Zusammenhang mit kumulativen Lernen gesprochen, was eine andere Bedeutung besitzt: „Nur wenn (die Schüler) nachhaltig erleben, dass sie durch Lernen ihre Kompetenzen erweitern und vertiefen, bleibt ihre Lernfreude lebendig."[103] Der Rahmenplan von Bayern geht zwar nicht explizit auf nachhaltige Bildung ein, beschreibt jedoch Umwelterziehung als wesentliche Aufgabe und verweist dabei auf umweltbewusstes Verhalten im Sinne von Nachhaltigkeit:

> Umwelterziehung bedeutet Erziehung zu Achtung und Ehrfurcht vor allen Lebewesen und bahnt Verständnis für notwendige Eingriffe sowie nachhaltiges umweltgerechtes Handeln an.[104]

Thüringen ist das einzige Bundesland, in dem BNE als fächerübergreifende Aufgabe für die Grundschule formuliert wird. Jedoch ist eine ausführlichere Darstellung der nachhaltigen Bildung im Rahmenlehrplan wünschenswert, da der einzige explizite Hinweis auf Nachhaltigkeit folgendermaßen formuliert wird und es fraglich ist, ob dies jeder Lehrkraft zur didaktischen Orientierung ausreicht:

> Die kindlichen Fragen nach dem Objekt selbst („Was ist das?") werden sich erweitern zu der Begründung („Warum ist das so?"), dem Werdensprozess („Wie ist das so geworden?") und der verantwortungsvollen Nachhaltigkeit („Was kann oder darf daraus werden?)."[105]

Als Zwischenergebnis kann demnach festgehalten werden, dass alle Bundesländer umwelterzieherische Maßnahmen als Bestandteil des Sachunterrichts vorschreiben, jedoch keine bzw. unzureichende Angaben zur BNE machen.

Bei den Themenvorgaben für die dritte bzw. vierte Jahrgangsstufe geht aus Tabelle 2 deutlich hervor, dass die Behandlung von nachhaltigkeitsrelevanten Themen nicht ausgeschlossen ist. Die Ergebnisse zu der Verortung der nachhaltigkeitsrelevanten Themen in den fünf Rahmenplänen lassen sich folgendermaßen zusammenfassen:

---

[103] Senatsverwaltung für Bildung, Jugend und Sport Berlin 2004, S. 12.
[104] Bayerisches Staatsministerium für Unterricht und Kultus 2000, S. 15.
[105] Thüringer Ministerium für Bildung, Wissenschaft und Kultur 2010b, S. 5f.

Thema „Erneuerbare Energien"

- In jedem Rahmenlehrplan der fünf Bundesländer wird das Thema „Energie" benannt.
- Die Verortung des Themas unterscheidet sich stark. Während Bayern und das Saarland „Energie" als ein eigenständiges Thema behandeln, taucht es in Thüringen als Teilaspekt bei der Behandlung von Wasser bzw. Luft auf. Der Rahmenlehrplan von Berlin hingegen gibt das Thema im Zusammenhang mit Technik und Herstellungsverfahren an.
- Berlin und Thüringen benennen erneuerbare Energien nur im Zusammenhang mit Wasser und Luft. Bayern lässt das Thema offen und gibt gar keine Beispiele für eine inhaltliche Umsetzung an. Das Saarland hingegen gibt Hinweise zur Umsetzung und benennt u.a. fossile Brennstoffe (Kohle, Erdgas, Erdöl), alternative Energieträger (Sonnenenergie, Wind- und Wasserkraft, Biomasse, Erdwärme) und schlägt außerdem Experimente zur Solarenergie, Windkraft und Wasserkraft vor. Damit hat das Saarland die umfassendsten Richtlinien für dieses Thema erstellt.
- Das Ziel eines umwelt- bzw. verantwortungsbewussten Umgangs mit Energien/Strom wird lediglich in Bayern und Saarland ausdrücklich genannt.

Thema „Ressourcenmanagement"

- Ressourcenmanagement taucht in den Bundesländern vor allem bei der Behandlung der Themen „Abfall" und „Wasser" auf.
- Alle Bundesländer, bis auf Berlin, schreiben das Thema „Abfall" und „Mülltrennung" als verbindliches Thema vor, was als einen wesentlichen Beitrag zum Umweltschutz gesehen werden kann.
- Der bewusste Umgang mit der Ressource „Wasser" wird ebenfalls in allen Bundesländern thematisiert. Das Saarland ist dabei das einzige Bundesland, das keine konkreten Vorgaben dazu macht, sondern den Lehrkräften Handlungsspielraum lässt.

Thema „Ernährung und Gesundheit"

- Gesundheit und Ernährung spielen in allen Rahmenrichtlinien eine wichtige Rolle. Die Schüler sollen vor allem Maßnahmen für eine gesunde Lebensweise und damit verbunden für eigenes Wohlbefinden lernen.

- Ein Reflexionsvermögen über das eigene gesundheitsförderliche Verhalten wird explizit nur von Thüringen und dem Saarland benannt.

- Einzig Berlin und das Saarland gehen einen Schritt weiter und damit über das Lehren von gesundheitsbewusstem Verhalten hinaus. Als inhaltliche Beispiele werden u.a. der Weg vom Korn zum Brot oder von der Kartoffel zu Kartoffelprodukten benannt. (Für Berlin im Bereich Technische Entwicklungen und Herstellungsverfahren zu finden). Diese Beispiele lassen sich hervorragend für Unterrichtssequenzen im Sinne einer BNE nutzen, wie z.B. Dr. Henning Smolka aufzeigt.[106]

Thema „Ökosysteme"

- Die Inhalte der Bundesländer ähneln sich sehr stark. Besonders das Thema „Wald" als Lebensraum für Pflanzen und Tiere findet sich in jedem der fünf Rahmenpläne wieder.

- Explizit wird nur in Bayern und im Saarland von „Ökosystemen" gesprochen. In den anderen Bundesländern wird hingegen von Biotop bzw. Lebensraum gesprochen. Der Begriff „Ökosystem" beschreibt die funktionale, wechselseitige Beziehung zwischen Lebewesen und dem Lebensraum, also dem Biotop. Deswegen scheint es von den Begrifflichkeiten her, als würde der Aspekt der wechselseitigen Beziehung zwischen Lebensraum und Lebewesen in Berlin und Thüringen nicht thematisiert. Bei genauerer Betrachtung wird aber deutlich, dass jedes Bundesland die Bedeutung des Lebensraumes für die Lebewesen und deren Beziehungen untereinander thematisiert.

- Jedem Bundesland ist es wichtig, dass insbesondere die Bedeutung des Waldes für die Tiere, Pflanzen und die Menschen thematisiert wird. Bayern und Thüringen schreiben dies ausdrücklich vor, während Berlin und das Saarland den Wald nur als Beispiel aufführen, eine Behandlung eines anderen Lebensraumes also denkbar ist. Das Meer wird als bedrohter Lebensraum gar nicht aufgegriffen, was vielleicht daran liegen mag, dass die Schüler das Meer aufgrund der geografischen Lage Deutschlands nur aus den Ferien kennen und der Bezug zum Wald alltäglicher bzw. ein Ausflug dahin einfacher zu realisieren ist.

---

[106] Vgl. Smolka 2006, S. 66ff.

Thema „Biologische Vielfalt"

- Auch wenn lediglich das Saarland ausdrücklich auf die Artenvielfalt der Natur verweist, ist dieser Aspekt in allen Bundesländern zu finden.
- Die Schüler erkennen, benennen und vergleichen verschiedene Tiere und Pflanzen und erfahren somit etwas über die Vielfalt der Natur.
- Thüringen beschränkt sich im Bereich der Tiere auf die Nutztiere und in Bayern werden neben den Tieren und Pflanzen im Wald (siehe Zeile Ökosysteme), nur Tiere und Pflanzen am und im Gewässer betrachtet.

Thema „Konsum"

- „Konsum" wird in den Bundesländern sehr unterschiedlich behandelt. In Thüringen wird nur der Medienkonsum thematisiert. Die Schüler sollen in der Lage sein, das eigene Verhalten zu überdenken. In Bayern wird Konsum zwar nicht direkt erwähnt, aber die Auseinandersetzung mit der Wirkungsweise von Werbung kann dazu führen, sich mit dem eigenen Verhalten als Konsument auseinander zu setzen. Dies geschieht in Berlin und im Saarland, indem Werbung und Konsum miteinander verknüpft wird. Berlin formuliert sogar die globale Dimension, die für eine BNE von großer Bedeutung ist. (Vgl. 3.2) Das Saarland verweist auf ökologische Aspekte und gibt als Beispiele die Abfallvermeidung und den Energieverbrauch an.

Thema „Klimawandel"

- Der Klimawandel wird lediglich im Saarland als verbindliches Thema aufgegriffen. In den anderen Bundesländern wird über das Thema „Wetter" nicht weiter hinaus gegangen. Das Saarland hingegen schlägt für die Umsetzung des Themas vor, sich mit der Zunahme der Verbrennungsprozesse, der Temperaturerhöhung als Folge und damit verbunden mit der Veränderung von Lebensbedingungen (z.B. für Eisbären) auseinanderzusetzen.

In der letzten Spalte der Tabelle sind Aussagen zum Schutz der Umwelt für jedes Bundesland zusammengetragen. Es wird deutlich, dass der Aspekt „Verantwortung übernehmen", also für sich, die Umwelt und andere, einen Schwerpunkt in den Zielsetzungen der Rahmenpläne darstellt. Dies hat Ute Stoltenberg bei ihrer Rahmenplananalyse ebenfalls herausgefunden.[107] Daher kann davon ausgegangen werden, dass die

---

[107] Vgl. Stoltenberg 2002, S. 102.

Bundesländer Deutschlands den „verantwortungsvollen Umgang mit der Umwelt" als ein wichtiges Bildungsziel verstehen. „Dies kann als wesentlicher Ansatzpunkt für die Implementierung der Idee der Nachhaltigkeit gesehen werden."[108]

Hinsichtlich der Möglichkeiten und Grenzen der Umsetzung des Treibhauseffekts im Sinne einer nachhaltigen Bildung lässt sich festhalten, dass nachhaltige Bildung noch nicht explizit und ausführlich genug in den Rahmenlehrplänen verankert ist, es sich aber durchaus Anknüpfungspunkte für nachhaltige Bildung in den Vorgaben der Länder finden, was in der Auswertung der verschiedenen nachhaltigkeitsrelevanten Themen deutlich wurde. Dabei stellte sich heraus, dass den Schülern in den Bundesländern unterschiedlich viel zugetraut wird. So führt lediglich das Saarland das Thema „Klimawandel" auf und kann damit als ein positives Beispiel dafür gesehen werden, dass das Thema „Klimawandel und Treibhauseffekt" durchaus in der Grundschule behandelt werden kann. So sollen die Schüler im Saarland „Phänomene des Klimawandels erkennen und menschliche Verhaltensweisen, die zum Klimawandel führen, benennen, sowie Ideen für alternatives Verhalten aufzeigen."[109] Aber auch wenn das Thema „Klimawandel und Treibhauseffekt" nicht explizit in den anderen Rahmenrichtlinien ausgewiesen ist, werden Themen wie Wetter, Energie und Umweltschutz benannt, die Bezüge untereinander und zum Thema Klimawandel aufweisen. Anknüpfungsmöglichkeiten zum Treibhauseffekt lassen sich demnach finden, es liegt an der Lehrkraft, diese auch wahrzunehmen.

4.3.2 Schulbücher für den Sachunterricht

4.3.2.1 Vorüberlegungen

> Das Schulbuch kann bis heute als Leitmedium des Unterrichts und somit als zuverlässiger Indikator für inhaltliche und didaktische Veränderungen in den einzelnen Schulfächern gelten.[110]

Daher werden in der folgenden Untersuchung die Inhalte von Sachunterrichtsschulbüchern der vierten Jahrgangsstufe auf ihre nachhaltigkeitsrelevanten Themen untersucht. In einer umfangreichen Studie hat Beate Blaseio die Entwicklungstendenzen der Inhalte von Sachunterrichtslehrwerken in dem Zeitraum von 1970 bis 2000 untersucht.[111] Zu den fächerübergreifenden Inhalten zählt sie u.a. umwelterzieherische

---

[108] Ebd., 2002, S.102.
[109] Saarland. Ministerium für Bildung 2010, S. 28.
[110] Lob; Pohle; Schulte-Derne 1996, S. 163.
[111] Vgl. Blaseio 2004.

Inhalte, wie z.B. Abfall/Müll, Wasser, Luft, Energie etc. In ihrer Analyse konnte sie zeigen, dass solche Inhalte erst ab den siebziger Jahren in den Schulbüchern auftauchen und dann kontinuierlich bis in die achtziger Jahre angestiegen sind.[112] Für das Ende ihres Untersuchungszeitraumes (1995-1999) konnte sie jedoch einen drastischen Rückgang der Inhalte zu Umweltproblemen nachweisen, was mit der aufkommenden Kritik an der Umwelterziehung aufgrund der mangelnden Effektivität einhergeht. Das Konzept der Umwelterziehung wurde auf der Rio Konferenz 1992 durch die „Umweltbildung" abgelöst, die sich dem Konzept der Nachhaltigkeit verpflichtet fühlt. Daher liegt die Vermutung nahe, dass die Schulbuchverlage auf das „neue" Konzept der nachhaltigen Bildung reagieren und es entsprechend in den Schulbüchern integrieren. Deswegen wird in dieser Studie untersucht, ob die Sachunterrichtslehrwerke Themen aufgreifen, die den Ansprüchen der nachhaltigen Bildung gerecht werden.

Wesentliche zentrale Fragestellungen sind hierbei:

- Werden nachhaltigkeitsrelevante Themen behandelt?
- Wie ausführlich werden diese dargestellt?
- Werden die Klimaproblematik und der Treibhauseffekt in den Schulbüchern aufgegriffen bzw. bieten sie Anknüpfungsmöglichkeiten für die Thematik?

4.3.2.2 Vorgehen

Es werden vier Schulbücher untersucht, wobei darauf geachtet wurde, dass es sich um Ausgaben für die Bundesländer aus der Rahmenplananalyse (4.3.1) handelt, damit Vergleiche mit den Rahmenrichtlinien stattfinden können. Für Thüringen konnte kein Schulbuch beschafft werden, daher wird ein Schulbuch für den norddeutschen Raum gewählt, um für jede Region Deutschlands einen Vertreter untersuchen zu können, wie aus der nachfolgenden Übersicht hervorgeht. Alle Schulbücher, bis auf das Schulbuch für das Saarland, wurden nach der Veröffentlichung der aktuellen Rahmenpläne herausgegeben. Des Weiteren handelt es sich um Lehrwerke, die bei der jeweiligen Kultusbehörde des Landes zugelassen wurden.

Somit stehen folgende Schulbücher für die Untersuchung zur Verfügung, wobei es sich jeweils um die Schülerausgabe handelt:

- Harms. Das Sachbuch 4 (Hrsg.: Kraft 2006) - Ausgabe für Berlin als Vertreter für den ostdeutschen Raum,

---

[112] Vgl. ebd., S. 240.

- Bausteine Sachunterricht 4 (Hrsg.: Drechsler-Köhler 2005) - Ausgabe für Rheinland-Pfalz, Saarland als Vertreter für den westdeutschen Raum,
- Mobile 4. Sachunterricht (Hrsg.: Meier 2007) Ausgabe Nord für Bremen, Hamburg, Niedersachsen, Schleswig-Holstein als Vertreter für den norddeutschen Raum,
- Das Auer Heimat- und Sachbuch 4 (Hrsg.: Wittowske 2006) - Ausgabe für Bayern als Vertreter für den süddeutschen Raum.

Wie bei der Rahmenplananalyse werden die wesentlichen nachhaltigkeitsrelevanten Themen nach de Haan benutzt, um Anknüpfungsmöglichkeiten an eine nachhaltige Bildung zu finden. Deswegen wird zunächst wieder eine Übersicht erstellt, die diese Anknüpfungspunkte in den Schulbüchern darstellt. Die Themen „Biologische Vielfalt" und „Ökosysteme" sind zu „Ökologisch-biologische Inhalte" zusammengefasst wurden, da sich diese Themen in den Schulbüchern kaum voneinander trennen lassen.

In der Tabelle sind die nachhaltigkeitsrelevanten Themen danach geordnet, in welchem Umfang sie in den Schulbüchern behandelt werden. Dazu gibt es die Kategorien: ausführlich (ab 5 Seiten), durchschnittlich (bis zu 4 Seiten) und gering (1-2 Seiten).

Schulbuch & Umfang		Erneuerbare Energien	Ressourcen-management	Ernährung & Gesundheit	Ökologisch-biologische Inhalte	Konsum
Mobile Sach-unterricht	ausführlich	„Energie" S. 86-101: • Arten von Energie • Magnete • Stromerzeugung • Sicherer Umgang mit Strom • Elektrische Leiter • Energie messen & sparen • Energiespartipps • Sonnenofen herstellen			„Lebensraum Wasser" S. 76-85: • Tiere, Pflanzen am und im Wasser • Stockente • Pflanzen auf, im, am Wasser • Leben am und im Bach • Gewässer erkunden	
	durch-schnittlich			S. 72-75		
	gering			• Schütze deine Gesundheit • Alkohol und Nikotin • Sucht (Vgl. Konsum)	• S. 44/45 Massentierhaltung • S. 41 Überfischung • S. 52/53 Wald	• S. 74/75 Sucht (Vgl. Ernährung)
Bausteine Sach-unterricht	ausführlich		„Wasser" S. 20-23: • Trinkwasser • Abwasser • Wasserenergie (Vgl. Energie)		„Leben am Wasser" S. 76-83: • Pflanzen & Tiere • Lebensgemeinschaft • Lebensräume schützen • Bach untersuchen • Frösche & Kröten	"
	durch-schnittlich	„Elektrizität" S. 60-63: • Elektrische Energie • Stromkreis • Energie sparen • Sicherer Umgang mit Strom		„Bewegt euch" S. 100-103: • Sportübungen • Puls, Atmung, Skelett		„Einkaufen" S. 40-43: • Einkaufs-möglichkeiten • Waren aus aller Welt (Vgl. Ernährung)
	gering	• S. 22 Wasserenergie (Vgl. Ressourcenmanagement)		• S. 42/43 Waren aus aller Welt (Vgl. Konsum)	• S. 6/7 Landschaftsveränderungen • S. 112/113 Umweltbelastung durch Verkehrsmittel	

Schulbuch & Umfang		Erneuerbare Energien	Ressourcen-management	Ernährung & Gesundheit	Ökologisch-biologische Inhalte	Konsum
Auer Heimat- und Sachbuch	ausführlich		„Leben mit der Natur" S. 56-60 • Trinkwasser & Abwasser „Erkunden der Umwelt" S. 86-92 • Verpackungen & Abfall	„Erkunden der Umwelt" S. 78-85 • Milch • Milchprodukte • Milchwerk • Joghurt	„Leben mit der Natur" S. 48-55 Pflanzen • Tiere am Weiher • Entwicklung des Frosches • Hecht & Karpfen • Erkundung am Weiher • Gewässer-Paten	
	durch-schnittlich					
	gering	• S. 71 Wasserkraftwerke				„Wünsche und Bedürfnisse" S. 20/21 • Trends
Harms	ausführlich	„Technik begreifen" S. 94-99: • Elektrowerkstatt • Elektromagnet • Stromkreise • Schaltpläne • Strom im Haushalt	„Naturphänomene erschließen" S. 48-57: • Trink-&Abwasser • Wasserlabor • Wasserversorgung in anderen Ländern	„Technik begreifen" S. 100-105: • Herstellung von Apfelsaft in einer Fabrik • Transportwege	„Naturphänomene erschließen" S. 36-47: • Teich als Lebensraum • Pflanzen in/am Gewässer • Gewässerschutz • Beobachtung von Tieren & Pflanzen • Stockente, Biber • Erdkröte • Landschaftsveränderungen	
	durch-schnittlich					
	gering			„Sich selbst wahrnehmen" S. 7-9 • Gefahren für Gesundheit (Zigaretten) • Gesund & fit		„Zusammen leben" S. 22/23 • Trends

Tab. 3 Zusammenfassung der Anknüpfungsmöglichkeiten der Schulbücher an die nachhaltigkeitsrelevanten Themen

4.3.2.3 Auswertung

Die Themenanalyse zeigt, dass sich die Schulbücher stark an den Rahmenplänen orientieren, da alle Themen in den Rahmenplänen wiederzufinden sind. So sind das Auer- und das Harms-Schulbuch auch nach den Themen des jeweiligen Rahmenplans aufgebaut, sodass ein direkter Bezug zu den Rahmenrichtlinien sichtbar wird.

Die Gewichtung der unterschiedlichen Themen geht aus der Tabelle 3 ebenfalls deutlich hervor. So wird dem Thema „Energie" einen großen Stellenwert beigemessen, da es in jedem Schulbuch, bis auf dem Auer-Lehrwerk für Bayern, ausführlich behandelt wird. Die Erzeugung und der sichere Umgang mit Strom stehen dabei im Mittelpunkt. Das Ergebnis für Bayern steht im Widerspruch zu dem Rahmenlehrplan, in dem für die vierte Jahrgangsstufe ausdrücklich dieses Thema vorgeschrieben wird (Vgl. Tab. 2). Da das Auer-Schulbuch sechs Jahre nach dem Veröffentlichen des aktuellen bayerischen Rahmenlehrplans herauskam, ist dieses Ergebnis sehr verwunderlich.

Auch „Ökologisch-biologische" Inhalte nehmen einen hohen Stellenwert ein. Dies war zu erwarten, da dieser Bereich ebenfalls in den Rahmenlehrplänen stark betont wird. Alle Schulbücher thematisieren ausschließlich das Wasser (Teich, Weiher, Bach) als Lebensraum und behandeln vordergründig die verschiedenen Pflanzen- und Tierarten. Darüber hinaus finden sich jedoch auch Themen wie z.B. Massentierhaltung, Umweltbelastungen durch Verkehrsmittel oder Landschaftsveränderungen durch Eingriffe des Menschen. Dies zeigt, dass neben dem Standardthema „Lebensraum Wasser" auch weitere Umweltschutzaspekte integriert werden.

Das Thema „Ressourcenmanagement" wird sehr unterschiedlich gewichtet. Während das Mobile- und Bausteine-Schulbuch keine bzw. nur 4 Seiten dem Thema widmen, wird es im Auer- und Harms-Schulbuch ausführlicher behandelt. Als Standardthema ist hierbei die Trinkwasserversorgung zu benennen, während das Thema „Abfall" lediglich im Auer-Schulbuch aufgegriffen wird. Dies korrespondiert mit den Rahmenlehrplänen, in denen für Berlin nur die Wasserversorgung als Thema vorgeschrieben ist und in Bayern auch das Thema Abfall explizit für die vierte Jahrgangsstufe gefordert wird.

Die Analyse zu „Ernährung und Gesundheit" ergab, dass jedes Schulbuch dieses Thema aufgreift, wenn die Behandlung auch sehr unterschiedlich ist. Es sind zwei verschiedene Themenbereiche auszumachen: Gefahren für die Gesundheit durch Suchtverhalten (Zigaretten, Alkohol), sowie sportliche Betätigungen und als zweiten Bereich ökonomische Aspekte wie die Herstellung von Milchprodukten bzw. Apfelsaft in Fabriken. Neben der Herstellung dieser Lebensmittel wird auch der Transportweg thematisiert. Diese ökonomischen Inhalte bieten hervorragende Anknüpfungsmöglich-keiten an eine nachhaltige Bildung, die die Dimensionen Ökonomie, Ökologie, Sozio-Kulturelles unter dem Gesichtspunkt der Globalisierung zu vereinen sucht. (Vgl. 3.2)

Zum Thema Konsum sind nur wenige Anknüpfungsmöglichkeiten auszumachen. Da insbesondere die Rahmenrichtlinien für Berlin dieses Thema ausführlich aufgegriffen haben, ist es sehr verwunderlich, dass das Harms-Schulbuch lediglich auf den Bereich „Trends" eingeht und dies auch nur auf einer Doppelseite behandelt. Obwohl im Rahmenlehrplan für Bayern die Auseinandersetzung mit Werbung ausdrücklich vorgeschrieben ist, kommt dieses Thema im Auer-Lehrwerk nicht vor, sondern behan-delt ebenso „Trends" auf einer Doppelseite. Neben diesem Aspekt, dass die Schulbü-cher von den Rahmenvorgaben abweichen, fällt auf, dass sehr unterschiedliche Themen im Bereich „Konsum" aufgegriffen werden: Trends, Sucht und Einkaufen, was das breite Spektrum an Behandlungsmöglichkeiten dieser Thematik widerspiegelt.

Der Klimawandel und der Treibhauseffekt werden in den Schulbüchern nicht thematis-siert, was aufgrund der Rahmenplananalyse auch zu erwarten war. Dass auch das Bausteine-Schulbuch für das Saarland nicht auf das Thema eingeht, obwohl es im Rahmenplan explizit aufgeführt wird, lässt sich mit dem Erscheinungsjahr des Buches begründen. Es ist bereits 2005, also fünf Jahre vor dem aktuellen Rahmenlehrplan, herausgekommen.

Zusammenfassend hat die Schulbuchanalyse ergeben, dass es durchaus möglich ist, nachhaltigkeitsrelevante Themen mithilfe der Sachunterrichts-lehrwerke zu behandeln. Dabei herrscht jedoch eine unterschiedliche Gewichtung dieser Themen vor. So erscheinen Ökologisch-biologische Inhalte und das Thema Energie einen höheren Stellenwert einzunehmen, da sie ausführlicher behandelt werden, als z.B. Konsum und gesunde Ernährung. Die Grenze der Behandlung des Klimawandels liegt in dem fehlenden Materialangebot seitens der Schulbücher. Der Klimawandel wurde in keinem der untersuchten Schulwerke aufgegriffen, weswegen auch der Treibhauseffekt nicht thematisiert wird. Lehrkräfte müssen deswegen auf andere Materialien zurückgreifen, wollen sie mit ihren Schülern dieses Thema behandeln. Dies erfordert eine intensive Vorbereitungszeit, da geeignete Materialien ausfindig gemacht werden müssen, was ein Grund sein kann, sich gegen die Behandlung des Themas zu entscheiden.

4.4 Akteure des Unterrichts

Die Untersuchung der äußeren Rahmenbedingungen hat ergeben, dass nachhaltig-keitsrelevante Themen durchaus in den Rahmenplänen und den Schulbüchern aufgeführt werden. Dabei werden der Klimawandel und der Treibhauseffekt jedoch nicht thematisiert. Nur das Saarland hat diese Thematik in seinem Rahmenplan aufgenommen, was verdeutlicht, dass dies durchaus ein Thema für den Sachunterricht sein kann. Welche Themen letztlich zum Gegenstand des Unterrichts werden, hängt jedoch nicht nur von den äußeren Rahmenbedingungen ab. Es sind vor allem die Lehrkräfte, die sich für bzw. gegen die Behandlung bestimmter Themen entscheiden, wobei Schüler durchaus eine Mitbestimmungsfunktion haben können, wenn sie z.B. Themenwünsche äußern dürfen. Im Folgenden wird daher auf diese beiden Akteure des Unterrichts eingegangen und untersucht, welche Ansichten bzw. Vorwissen diese zum Treibhauseffekt und Klimawandel besitzen.

4.4.1 Lehrkräfte

4.4.1.1 Vorüberlegungen

Wie bereits erwähnt, hängt die Bearbeitung des Themas Treibhauseffekt in der Grundschule stark von der Entscheidung der jeweiligen Lehrkraft ab. Wenn sich für eine Behandlung des Themas entschieden wurde, stehen u.a. die Auswahl für die Art der Auseinandersetzung, sowie die Vorbereitung auf den Unterricht an. Die persönli-chen Einstellungen der Lehrkräfte zu dem Thema spielen eine wesentliche Rolle, da sie eine Vorbildfunktion besitzen und es für die Thematisierung im Unterricht von erheblicher Bedeutung ist, für wie wichtig die Lehrkraft selbst die Klimawandel-Problematik erachtet. Aus diesem Grund wird der Frage nachgegangen, ob Lehrkräfte bereits Erfahrungen mit dem Unterrichten dieses Themas in der Grundschule haben und aus welchen Gründen sie sich für bzw. gegen die Thematisierung entschieden haben.

4.4.1.2 Vorgehen

Es wurde sich für eine Fragebogenerhebung entschieden, da die Befragung in den letzten Schulwochen vor den Sommerferien 2011 (im Bundesland Berlin) stattfand und viele Lehrkräfte aus zeitlichen Gründen einem Interview ablehnend gegenüberstanden. Die Befragung erfolgte daher postalisch, so dass den Lehrkräften für die Beantwortung ausreichend Zeit zur Verfügung stand. Die Fragebögen waren standardisiert, d.h. jeder befragten Lehrkraft wurden dieselben Fragen in derselben Formulierung und Reihenfolge gestellt. (Vgl. 6.2) Der Fragebogen besteht überwiegend aus offenen Fragen, da die individuellen Erfahrungen und Einstellungen der Lehrkräfte zum Treibhauseffekt erfasst werden sollen. An der Befragung haben Grundschullehrkräfte aus Berlin, Brandenburg und Sachsen-Anhalt teilgenommen, wie die folgende Übersicht darstellt:

	Lehrkraft 1	Lehrkraft 2	Lehrkraft 3	Lehrkraft 4	Lehrkraft 5
Bundesland	Berlin	Berlin	Berlin	Brandenburg	Sachsen-Anhalt
Geschlecht	weiblich	weiblich	weiblich	männlich	weiblich
Alter	43	64	56	31	60
Berufs-erfahrung	seit 1988	seit 1967	über 25 Jahre	seit 2007	seit 1970
Unterrichts-fächer	Deutsch, Musik, Sach-unterricht	Deutsch, Mathe, Kunst, Sach-unterricht	Deutsch, Musik, Sach-unterricht, Kunst	Deutsch, Mathe, Sach-unterricht, Geschichte, Sport, Politische Bildung	Deutsch, Sachkunde, Mathe, Gestalten

Tab. 4 Übersicht über die befragten Lehrkräfte

4.4.1.3 Ergebnisse

Für die Auswertung der Fragebögen wurden die Antworten der Lehrkräfte in folgender Übersicht zusammengefasst:

	Lehrkraft 1	Lehrkraft 2	Lehrkraft 3	Lehrkraft 4	Lehrkraft 5
bereits von BNE gehört? (Frage 1)	nein	nein	ja	ja	nein
Treibhaus-effekt bereits unterrichtet? (Frage 3)	ja (3.Klasse)	nein	nein	ja (5.Klasse)	ja (4.Klasse)
Grund, weshalb unterrichtet (Frage 4)	nur am Rande thematisiert	/	/	Eigen-interesse & Dringlichkeit des Problems	Schüler-fragen
Grund, weshalb noch nicht unterrichtet (Frage 5)	/	fühlt sich nicht ausreichend kompetent	fühlt sich nicht ausreichend kompetent& Zeitaspekt	/	/
Warum sollte es unterrichtet werden? (Frage 6)	aktuell, zeitgemäß, notwendig	Kinder können nicht früh genug damit in Kontakt kommen	von Aus-wirkungen betroffen & Verant-wortung tragen	für Nachhal-tig-keit sensibilisie-ren & Problem-bewusstsein schaffen	Umwelt-bewusstsein erweitern & für Thema öffnen
Mit welchen Problemen ist das Thema verbunden? (Frage 7)	alters-gerechte Aufarbeitung & wenig Material-angebot	/	Komplexität des Themas & lange Vor-bereitungs-zeit	nicht abstrakt-rational behandeln, sondern konkrete Beispiele nehmen	es gibt keine Probleme
Interesse an einer Fortbildung?	ja	nein (Pension)	ja	ja	nein

Tab. 5 Zusammenfassung der Ergebnisse der Lehrerbefragung

In den ersten beiden Fragen sollten die Lehrkräfte beantworten, ob sie bereits etwas von Bildung für nachhaltige Entwicklung gehört haben. Hinter diesen Fragen verbirgt sich die These, dass Lehrkräfte, die bereits mit BNE in Kontakt gekommen sind, möglicherweise aufgeschlossener gegenüber dem nachhaltigkeitsrelevanten Thema Treibhauseffekt sind. Diese These lässt sich mit den vorliegenden Antworten nicht bestätigen. Obwohl die Lehrkräfte 1, 2 und 5 noch nichts von BNE gehört haben, stehen sie dem Treibhauseffekt als Thema für den Sachunterricht aufgeschlossen gegenüber, was in den Antworten zur sechsten Frage ersichtlich wird. Die beiden Lehrkräfte, die bereits etwas von BNE gehört haben, verstehen darunter folgendes:

> Lehrkraft 3: *Die Schüler im Gs-Bereich für Nachhaltigkeit zu sensibilisieren und ein erstes Problembewusstsein hinsichtlich des Klimawandels schaffen.*
>
> Lehrkraft 4: *Bildung für ökologisches und soziales Bewusstsein*

Insbesondere das Problembewusstsein, welches bei den Schülern entwickelt werden soll, spielt eine wesentliche Rolle für die Lehrkräfte. Mit diesem Problembewusstsein ist auch das Vermögen verbunden, sich verantwortungsvoll zu verhalten. Dies entspricht den Zielen von BNE, weshalb davon ausgegangen werden kann, dass die beiden Lehrkräfte mit dem Konzept vertraut sind.

Mit der dritten und vierten Frage wurden die Erfahrungen der Lehrkräfte mit dem Thema erfasst. Drei Lehrkräfte haben den Treibhauseffekt bereits in den Klassenstufen 3-5 unterrichtet und würden das Thema auch erneut behandeln. Lehrkraft 1 hat das Thema in der dritten Klassenstufe „im Rahmen der Umwelterziehung" behandelt, jedoch das „Thema nur am Rande erläutert". Wenn sie das Thema noch einmal unterrichten würde, dann würde sie es als „Schwerpunktthema in Klasse 4" behandeln. Der Lehrer aus Brandenburg unterrichtete den Treibhauseffekt in einer fünften Klasse und gab als Gründe dafür sein „Eigeninteresse und die Dringlichkeit des Problems" an. Er würde das Thema auch erneut unterrichten, „da es einen hohen Alltagsbezug zur Lebenswelt der Schüler aufweist und diese mit großem Interesse bei der Sache waren." Die fünfte Lehrkraft hat das Thema in der vierten Klassenstufe unterrichtet, „im Kurs ‚Elektrischer Strom' (alternative Stromquellen)" und gibt als Erklärung dazu an: „Im Unterricht wurde es als begleitendes Thema behandelt, da Fragen von Schülern aus alternativ-umweltfreundlichen Elternhäusern gestellt wurden." Die Antworten verdeutlichen die Bedeutung des Interesses der Schüler für das Unterrichtsgeschehen. Das Schülerinteresse wurde nicht nur durch die Behandlung des Themas im Unterricht geweckt, sondern war sogar Auslöser für eine Thematisierung im Unterricht.

Die anderen beiden Lehrkräfte (2 & 3), die den Treibhauseffekt noch nicht unterrichtet haben, gaben als Gründe dafür an, dass sie sich nicht ausreichend kompetent und informiert genug fühlen. Die eigene Unsicherheit ist demnach der wichtigste Grund, weshalb sie die Behandlung des Themas nicht in Betracht ziehen. Verschiedene Fortbildungsmaßnahmen könnten den Lehrkräften zeigen, wie sie gemeinsam mit ihren

Schülern das Thema für sich entdecken können. Es gilt jedoch zu erforschen, inwieweit solche Maßnahmen langfristig erfolgreich sind.

Die dritte Lehrkraft weist außerdem darauf hin, dass es zu wenig Zeit gibt und erst die Rahmenplan-Themen abgearbeitet werden müssen. Die Rahmenplananalyse hat ergeben, dass der Treibhauseffekt zwar kaum explizit in den Rahmenlehrplänen erwähnt wird, es sich jedoch viele Anknüpfungspunkte zu dem Thema finden lassen. Im Rahmenplan für Berlin, welcher für die Lehrkraft gilt, wird Verantwortung übernehmen für die Umwelt als wichtiges Ziel definiert (Vgl. 4.3.1.2.1). Es liegt daher im Ermessen der Lehrkraft, ob sie das Thema Treibhauseffekt unterrichtet. Vielleicht könnten Fortbildungsmaßnahmen aufzeigen, dass das Thema nicht isoliert behandelt werden muss, sondern im Zusammenhang mit anderen Themen, wie Wetter oder Energie unterrichtet werden kann und es daher nicht als zusätzliches Thema zu verstehen ist. Die beiden Lehrkräfte zeigten sich jedoch aufgeschlossen dem Thema gegenüber und gaben an, dass sie sich vorstellen können, das Thema ab Klasse 4 zu unterrichten, allerdings nicht mehr von der Lehrkraft 2 selbst, da sie im nächsten Jahr in Rente geht. Die dritte Lehrerin möchte sich vorher besser informieren und auch „gutes Anschauungsmaterial für Kinder" zur Verfügung haben.

Die sechste und siebte Frage zielte auf die Chancen und Grenzen der Behandlung des Themas ab. Die Lehrkräfte sollten daher begründen, was für und gegen eine Thematisierung des Treibhauseffekts im Grundschulunterricht spricht. Alle Lehrkräfte betonten die Notwendigkeit der Behandlung:

Lehrkraft 1: *aktuell und zeitgemäß, unbedingt notwendig*

Lehrkraft 2: *Kinder können nicht genug damit in Kontakt kommen.*

Lehrkraft 3: *Kinder werden von Auswirkungen betroffen sein; auch sie haben Verantwortung, sich klimaschonend zu verhalten.*

Lehrkraft 4: *Um die Schüler frühstmöglich für das Thema Nachhaltigkeit zu sensibilisieren und ein Problembewusstsein hinsichtlich des Klimawandels zu schaffen.*

Lehrkraft 5: *Um das Umweltbewusstsein aller Schüler zu erweitern und sie dafür zu öffnen.*

Zusammenfassend weisen die Aussagen auf die Aktualität des Themas hin, da auch die Schüler Verantwortung für die Umwelt tragen und deswegen die Herausbildung eines Problembewusstseins notwendig ist.

Bei der Angabe von Schwierigkeiten bei der Behandlung des Themas gaben zwei Lehrkräfte folgendes an:

Lehrkraft 1: *altersgerechte Aufarbeitung des Themas; eigene Unsicherheit; wenig methodisches Material*

Lehrkraft 3: *sehr komplex; muss gut aufbereitet sein, ohne Wichtiges wegzulassen; lange Vorbereitungszeit*

Die Lehrkräfte sehen als berechtigte Schwierigkeit, dass das Thema sehr komplex ist, weshalb es eine altersangemessene Aufarbeitung benötigt, die durchaus viel Zeit in Anspruch nehmen kann. Es wird deutlich, dass die Komplexität des Themas kein Hinderungsgrund ist, es in der Grundschule zu unterrichten. Des Weiteren wird von der ersten Lehrkraft das Materialangebot kritisiert. Zwar lassen sich verschiedene Materialien zum Wetter und Klima für Kinder finden[113], inwieweit diese den Treibhauseffekt thematisieren und für den eigenen Unterricht nutzbar sind, bedarf einer Überprüfung, die jedoch an dieser Stelle nicht durchgeführt werden kann. Solche Materialien können jedoch als Anregung dienen und eventuell die Vorbereitungszeit verkürzen.

Die zweite Lehrkraft machte bei der Frage keine Angaben, was so interpretiert wird, dass sie keine Probleme in der Behandlung sieht. Auch die anderen zwei Lehrkräfte sehen keine Schwierigkeiten, die gegen eine Thematisierung im Unterricht sprechen:

Lehrkraft 4: *Man kann das Thema in der Grundschule nicht abstrakt-rational behandeln, sondern muss stark anhand konkreter Beispiele aus der Lebenswelt der Schüler operieren.*

Lehrkraft 5: *keine, den Schülern könnte dazu Material zur Verfügung gestellt werden, um es in Projekten zu integrieren und umzusetzen*

Die beiden Lehrkräfte gehen darauf ein, wie sie das Thema umsetzen würden und betonen beide, dass konkrete Beispiele und Materialien notwendig sind, um mit den Schülern darüber ins Gespräch zu kommen.

Die letzte Frage des Fragebogens zielte auf das Interesse der Lehrkräfte an möglichen Fortbildungen zu diesem Thema ab. Alle Lehrkräfte, bis auf 2 und 5, gaben an, dass sie gerne zu einer Fortbildung gehen würden. Lehrkraft 2 begründet ihre Ablehnung damit, dass sie nächstes Jahr in Rente geht. Die fünfte Lehrkraft steht dem Thema sehr aufgeschlossen gegenüber, hat es bereits unterrichtet und sieht auch keine Probleme in der Behandlung, weshalb ihre Ablehnung so interpretiert wird, dass sie sich bereits ausreichend informiert und kompetent genug fühlt.

---

[113] Als Beispiele seien genannt:
Rahmstorf, Stefan (2011): Wolken, Wind und Wetter: Alles, was man über Wetter und Klima wissen muss. Ein Kinder-Uni-Buch. DVA.
Blessing, Karin (…) (2009): Wetterfrosch und Wolkenschloss: Mit Kindern Wetter verstehen und Klima schützen. Hirtzel.

Die Fragebogenerhebung hat insgesamt gezeigt, dass die Lehrkräfte der möglichen Behandlung des Treibhauseffekts im Sachunterricht sehr aufgeschlossen gegenüberstehen und das Thema teilweise bereits selbst unterrichtet haben. Die Notwendigkeit der Behandlung des Themas war allen Lehrkräften bewusst. Die Grenzen der Thematisierung sind in dem mangelnden Materialangebot, sowie bei dem Gefühl der Unsicherheit zu sehen. Daher ist es dringend erforderlich, dass geeignete Materialien für den Treibhauseffekt in der Grundschule entwickelt, sowie Maßnahmen in der Aus- und Fortbildung der Lehrkräfte angeboten werden, damit ihnen die eigene Unsicherheit und das Gefühl der Inkompetenz genommen werden kann. Grundsätzlich stehen die angesprochenen Probleme einer Thematisierung des Treibhauseffekts jedoch nicht im Weg, wie das positive Verhältnis der Lehrkräfte zu dem Thema zeigten. Deswegen kann davon ausgegangen werden, dass der Treibhauseffekt durchaus ein mögliches Thema für den Sachunterricht ist und von den Lehrkräften als solches auch wahrgenommen wird.

4.4.2 Das Vorwissen der Schüler

4.4.2.1 Vorüberlegungen

Schon von klein an beobachten und erforschen Kinder ihre Umgebung und sammeln eine Vielzahl an Vorerfahrungen und Eindrücken. Kinder entwickeln „subjektive Theorien" über die Welt, u.a. auch Alltagstheorien oder Alltagsvorstellungen genannt, welche sie in die Schule mit einbringen. Das Aufgreifen dieser Vorerfahrungen gehört zu den grundlegenden pädagogischen und fachdidaktischen Prinzipien eines guten Unterrichts.[114] Lehrkräfte müssen also die Alltagsvorstellungen ihrer Schüler kennen und diese in ihre Unterrichtsplanung einbeziehen. Jedoch stimmen diese Vorstellungen der Schüler oftmals nicht mit wissenschaftlichen Erkenntnissen überein und lassen sich nicht einfach überwinden oder ersetzen.

> Mit Konzeptwechsel (conceptual change) (ist) in der Didaktik des Sachunterrichts (…) das didaktische Bemühen gemeint, wonach die Kinder von ihren Alltagsvorstellungen hin zu wissenschaftlichen Konzepten geführt werden.[115]

Mittlerweile sind im Rahmen der Lehr-Lernforschung sehr viele Untersuchungen entstanden, die sich mit den Möglichkeiten der Stimulierung von Konzeptwechsel

---

[114] Vgl. Hempel 2004, S. 38.
[115] Kaiser 2004, S. 126.

befassen.[116] Dabei werden verschiedene didaktische Ansätze zum Konzeptwechsel diskutiert, auf die an dieser Stelle nur verwiesen werden.[117] Für die vorliegende Untersuchung ist von Interesse, welche Vorstellungen Grundschüler der vierten Klasse zum Treibhauseffekt und dem Klimawandel besitzen. Es gibt bereits zahlreiche Studien zum Umweltwissen, Umweltbewusstsein und Umwelterziehung von Schülern. So wurden z.B. die Vorstellungen von Grundschülern zur Umwelt, Landwirtschaft oder zur Natur untersucht. (Vgl. Eulefeld 1993; Seybold; Rieß 2002) Jedoch liegen m.E. noch keine empirischen Studien zu den Vorstellungen von Grundschülern zum globalen Klimawandel vor, weshalb sich die vorliegende Studie damit beschäftigt.

4.4.2.2 Vorgehen

Da die Schüler in qualitativen Interviewverfahren die Möglichkeit haben, die Erhebung aktiv mitzugestalten und über einen großen Antwortspielraum verfügen, wurde sich für ein qualitatives Interview entschieden.[118] Da das Ziel der Untersuchung in der Erfassung der subjektiven Wahrnehmungen der Schüler zum anthropogenen Treibhauseffekt und globalen Klimawandel besteht, erscheint das problemzentrierte Interview eine angemessene Form zu sein:

> Die problemzentrierte Interviewform stellt für qualitative Untersuchungen mit Kindern eine geeignete Interviewtechnik dar, in der erzählungs- und verständnisgenerierende Kommunikationsstrategien subjekt- und prozessorientiert flexibel zum Einsatz kommen.[119]

Für das Interview wurde ein halbstrukturierter Leitfaden entwickelt, der themenbezogene Fragen enthält, die als Orientierungsrahmen dienen und während des Interviews bearbeitet werden.

Der Ablauf des Interviews unterteilt sich in drei Phasen:[120]

- Einleitungsphase – Es wird gesagt, dass sich über den „Klimawandel" unterhalten werden soll und darauf hingewiesen, dass alle Gedanken und Ideen der Schüler von Interesse sind und es nicht um richtige und falsche Antworten geht, sondern darum, ihre Meinungen zu erfahren.

- Sondierungsphase – Es werden Einstiegsfragen gestellt (Habt ihr schon einmal etwas vom Klimawandel gehört? Was wisst ihr dazu?), die die Gesprächsbereit-

---

[116] Vgl. Kaiser 2004, S. 127.
[117] Vgl. ebd., S. 127.
[118] Vgl. Bamler; Werner; Wustmann 2010, S. 105.
[119] Hauenschild 2002, S. 100.
[120] Vgl. Bamler; Werner; Wustmann 2010, S. 107f.

schaft und den Erzählfluss stimulieren sollen. Anschließend übernimmt die Interviewende die Rolle des Gesprächsleiters und verbalisiert, paraphrasiert Gesprächsinhalte. Fragen werden von der Interviewerin nur gestellt, wenn der Erzählfluss der Schüler ins Stocken gerät.

- Phase des direkten Fragens – In der letzten Phase des Interviews werden dann die Fragen gestellt, die für die Erhebung wichtig sind, aber bis dahin noch nicht angesprochen oder geklärt worden sind.

Die Kombination von Erzählung und Fragen ermöglicht es, einen ausreichenden Grad an Offenheit zu erreichen, gibt aber auch die Gelegenheit zur Detaillierung und Präzisierung.

Das problemzentrierte Interview wurde mit der Methode der Gruppendiskussion kombiniert, da innerhalb der Diskussion mehrere Meinungen der Gruppenmitglieder erfasst werden können. Für die Untersuchung wurde eine vierte Klasse einer Grundschule im Berliner Stadtteil Steglitz ausgewählt, zu der seit anderthalb Jahren ein sehr guter und regelmäßiger Kontakt besteht, so dass die Schüler keine Hemmungen gegenüber der Interviewenden besitzen. Insgesamt wurden drei Interviewrunden mit 18 freiwillig teilnehmenden Schülern durchgeführt. Diese fanden in Kleingruppen mit sechs Schülern in einem vorbereiteten Raum statt. Für die Erfassung der Gespräche, sowie als Grundlage für die Dokumentation und Auswertung dieser, wurden die Diskussionen mit einem Tonaufnahmegerät festgehalten, wobei die notwendigen Einwilligungen der Eltern vorlagen.

4.4.2.3 Auswertung der Interviewrunden

Die Gruppeninterviews brachten teilweise rege Auseinandersetzungen zustande, in denen die Schüler gut miteinander diskutierten und ihre Aussagen aufeinander bezogen. Jedoch haben sich nicht alle Schüler getraut, etwas zu sagen, weshalb die Diskussionen meist von 2-3 Schülern getragen wurden.

Um eine Übersicht über das Datenmaterial für die Analyse zu erhalten, wurden die Diskussionen so transkribiert, dass die Sprecherabfolgen und die Textpassagen ersichtlich wurden. Anschließend wurden die relevanten Textpassagen den Themen

- Ursachen des Klimawandels
- Folgen des Klimawandels
- Maßnahmen gegen den Klimawandel

zugeordnet. Im Folgenden wird ein Überblick über die wesentlichen Aussagen der Schüler zu diesen Themen gegeben.[121]

Die Schüler haben sehr unterschiedliche Vorstellungen, was die möglichen Ursachen für den Klimawandel sind. In der ersten Interviewrunde äußerten sich zwei Schüler folgendermaßen:

> Petra: *Ich glaube, dass die Eisberge ab gehen, weil der Erdkern immer heißer wird.*
>
> Paul: *Ich glaube nicht, weil das ist, weil der Erdkern immer heißer wird. Das ist, glaub ich so, dass da kommt jetzt immer mehr CO_2 in die Luft und CO_2 ist so wie ein Spiegel und dann kommt erst mal der Sonnenstrahl auf die Erde und wird da reflektiert und dann kommt er gegen das CO_2 und wird zurückreflektiert. Und das passiert dann wegen dem vielen CO_2 immer öfter und dann erwärmt sich das ganz doll.*

Während die Schülerin vermutet, dass das Schmelzen der Pole mit einem immer heißer werdenden Erdkern zu begründen ist, widerlegt der Schüler diese Vermutung und erklärt ihr den Treibhauseffekt, ohne ihn konkret zu benennen. Auf Nachfrage kann ein anderer Schüler diesen Prozess sogar als Treibhauseffekt benennen. Diese Äußerung des Schülers wird von den anderen Schülern mit Kopfnicken bestätigt. Auch in der dritten Interviewrunde erklärt ein Schüler den Treibhauseffekt, als Antwort auf die Frage, was die Schüler zum Klimawandel wissen:

> Jacob: *Na die Menschen, die haben jetzt viele Kohlekraftwerke und so und Autos und die produzieren CO_2 und wenn dieses CO_2 in die Atmosphäre kommt, dann werden die Sonnenstrahlen, die auf die Erde treffen, dann gehen die wieder hoch, aber dann prallen die von der Atmosphäre wieder zurück auf die Erde und dann wird es hier auf der Erde zu heiß.*

An einer anderen Stelle geht er noch einmal auf den Treibhauseffekt ein und erklärt, warum dieser so heißt:

> Jacob: *Der Treibhauseffekt, also den macht sich der Mensch auch manchmal zu Nutze, wenn in Gewächshäusern, da gibt's auch Pflanzen, für die ist Deutschland viel zu kalt. Aber da in dem Treibhaus, da dringen Sonnenstrahlen ein und dann wird es da durch das Glas, wie bei uns durch das Kohlendioxid, wird das wieder zurück geworfen und so wird es da schön warm. Aber bei uns kann es dazu führen, dass es sehr heiß wird.*

Die Schüler der zweiten Interviewrunde sind sich hingegen nicht so sicher und scheinen nervös zu sein, was sie durch Albereien überspielen. Als Ursachen für den Klimawandel werden diese verschiedenen Möglichkeiten genannt:

> Sandra: *Also das ist irgendwas mit dem Dioxin oder so was, also entsteht oder so. Und dann ähm und das macht die Umwelt, die Ozonschicht kaputt oder so. Und dann kann die Sonne mehr strahlen auf die Erde, also dann wird's wärmer.*

---

[121] Aus Datenschutzgründen wurden die Namen der Schüler geändert.

Die Aussage der Schülerin verdeutlicht, dass sie etwas zu der Problematik Klimawandel gehört hat, sich aber sehr unsicher ist. Sie verwechselt CO_2 mit Dioxin, was sich mit dem vorangegangen Dioxinskandal in Deutschland im Januar 2011 erklären lässt. Vermutlich hat sie darüber etwas in den Medien erfahren und nun verwechselt sie die schwierigen Begriffe Kohlenstoffdioxid und Dioxin. Als Erklärung für die Erderwärmung greift sie auf das Ozonloch zurück. Tatsächlich ist dies eine Alltagsvorstellung, die sehr weit verbreitet ist. Stephan Schuler hat 129 Schüler der Sekundarstufe zu ihren Alltagsvorstellungen zum Klimawandel befragt[122] und fand dabei heraus, dass das Ozonlochmodell eine häufige subjektive Theorie darstellt, in der das Konzept des Ozonlochs mit dem Treibhauseffekt vermischt wird.[123] Niebert begründet diese Vermengung folgendermaßen:

> Die Idee des Ozonlochs als Ursache der Erwärmung ist auch deshalb so anschaulich, weil wir alltagsweltlich Löcher meist als Folge einer Schädigung erleben (z. B. ein Loch im Schirm, im Dach etc.). Da der CO_2-Ausstoß medial häufig als Schädigung der Atmosphäre beschrieben wird, übertragen die Lerner ihre Alltagserfahrungen auf den Treibhauseffekt.[124]

Solche Fehlvorstellungen können fatale Folgen für das eigene Handeln haben. Die Schüler können zu der Ansicht gelangen, dass das Ozonloch als Ursache der Erderwärmung nicht wieder „gestopft" und deswegen auch nichts dagegen unternommen werden kann. Deswegen ist es wichtig, zwischen dem Treibhauseffekt und dem Ozonloch zu unterscheiden. Der Treibhauseffekt beschreibt die Erwärmung der Erde, das Ozonloch hingegen behandelt das Problem der ultravioletten Strahlung, die aufgrund des abnehmenden Ozons in der Atmosphäre teilweise ungehindert bis zur Erdoberfläche gelangen und Hautkrebs oder Veränderungen im Erbgut hervorrufen können. Der Wärmebeitrag des UV-Lichts fällt jedoch so gering aus, dass er für den Treibhauseffekt vernachlässigt werden kann.[125]

Ein Schüler greift die Aussage von Sandra zur Erderwärmung auf und sagt:

Tim: *Also die Sonne die wird immer dicker und dicker und dicker.*

Interviewende: *Ja und dann?*

Tim: *Naja, die ist ja so heiß, dass da die Plancton kaputt gehen und so*

Interviewende: *Also du meinst, die Sonne wird immer heißer und wird immer größer und deswegen haben wir auf der Erde Klimawandel.*

Tim: *Genau!*

---

[122] Vgl. Schuler 2004.
[123] Vgl. Schuler 2005, S. 106ff.
[124] Niebert 2009, S. 22.
[125] Vgl. Aeschbacher; Caló; Wehrli 2001, S. 232.

Der Schüler macht die Sonnenausdehnung für den Klimawandel verantwortlich. Auch dies ist eine Fehlvorstellung, auf die es zu reagieren gilt. Denn es erscheint unmöglich, die Ausdehnung der Sonne zu verhindern, weshalb ein problemorientiertes Handeln ebenso nutzlos erscheinen kann.

Eine weitere Ursache wurde zu Beginn des Interviews geäußert, dass der Klimawandel mit dem Regenwald zu tun hat. Im Laufe des Gesprächs kommen die Schüler immer wieder auf den Regenwald zurück. Warum der Regenwald wichtig für das Klima ist, können sie jedoch nicht richtig begründen:

> Interviewende: *Habt ihr schon mal etwas vom Klimawandel gehört?*
>
> Tim: *Da wird der Regenwald abgeholzt und .. Das sich das Klima ganz doll verändern kann…*
>
> Sandra: *Ja und weiter? (alle lachen)*
>
> Interviewende: *Also der Klimawandel hat was mit der Abholzung vom Regenwald zu tun?*
>
> *Alle stimmen zu*
>
> Interviewende: *Und was?*
>
> Tim: *Naja, der Regenwald ist sehr wichtig für die Erde. Warum, weiß ich jetzt aber nicht.*
>
> Sandra: *Weil, die Bäume sehr viel…*
>
> Tim: *Energie!*
>
> Sandra: *Energie und Luft erzeugen oder Wind!*
>
> Tim: *Weil der ganze Regenwald ab ist, da könnte die dritte Eiszeit sein?*

Die Antworten verdeutlichen, dass die Schüler zwar wissen, dass die Abholzung des Regenwaldes negative Auswirkungen auf das Klima hat, sie können diese aber nicht benennen. So stellen tropische Regenwälder nicht nur CO_2-Speicher dar, sondern sie fördern auch die Wolkenbildung, da sie Wasser verdunsten. Es entsteht ein Wasser- und Kühlkreislauf, der unter Umständen zusammenbrechen kann, wenn die Wälder weiterhin abgeholzt werden. Somit haben die Schüler einen wichtigen Faktor für den Klimawandel benannt, wenn sie auch dessen Bedeutung nicht ganz fassen können.

An einer anderen Stelle des Interviews äußern sich die beiden Schüler erneut zu den Ursachen und geben diesmal folgendes an:

> Sandra: *Und die Kühe, die pupsen irgendwas aus, irgend so ein Gas, und dies macht dann…*
>
> Tim: *die Umwelt schöner.*
>
> Sandra: *Nein, die Ozonschicht kaputt, oder so.*

Die Schülerin weist an dieser Stelle, auch wenn sie es nicht explizit benennen kann, auf den Methanausstoß von Rindern hin, welches ein wichtiges Treibhausgas darstellt und in den Medien immer wieder diskutiert wurde.[126] Damit wurden sehr unterschiedliche Faktoren der Schüler als Ursachen für den Klimawandel benannt, die die Komplexität der Thematik wiederspiegeln.

Als Folgen des Klimawandels benennen die Schüler in der ersten und dritten Interviewrunde vor allem das Schmelzen der Pole und damit verbunden das Ansteigen des Meeresspiegels. Die Schüler erläutern, dass dadurch kleine Inseln überfluten können, vor allem sehen sie darin aber ein Problem für den Lebensraum der Tiere, wie im folgenden Ausschnitt aus dem dritten Interview ersichtlich wird:

Mirna: *Aber wenn das Eis schmilzt, dann ist das auch für die Tiere schön, dann haben die mehr Wasser zum trinken.*

Ben: *Nein!*

Mirna: *Aber wenn das Eis schmilzt, dann wird daraus Wasser.*

Bastian: *Na und! Die Eisbären, na wohl sollen die sein? Am Land, am Festland.*

Jacob: *Na, sollen die alle auf so einer großen Eisscholle mit einem Bein drauf balancieren?*

Bastian: *Jacob, das geht doch nicht, die ist doch schon lange weg.*

Jacob: *Aber so eine kleine Eisscholle mal! Mit einem Zentimeter Durchmesser, dann darauf zu balancieren.*

Interviewerin: *Also ihr meint, die Eisbären, die würden das nicht gut finden?*

Bastian: *Und die Robben auch nicht.*

Interviewerin: *Warum nicht?*

Bastian: *Weil die dann kein Eis mehr haben.*

Interviewerin: *Wozu brauchen die denn das Eis?*

Bastian: *Zum jagen.*

Jacob: *Zum leben.*

Duaa: *Weil die Eisbären heißen.*

(Alle lachen)

Jacob: *Ja das auch, aber die Eisbären die leben ja da. Sollen die etwa auf dem Wasser gehen und dann da ihre Höhlen bauen und zum Beispiel ihre Frischlinge, wenn die alles im Wasser machen und sollen die gleich schwimmen lernen, wenn die auf die Welt gekommen sind? Ich glaube, die würden erst mal zu Boden sacken.*

Bastian: *Aber das schaffen doch manche Tiere.*

Jacob: *Ja Fische vielleicht!*

---

[126] Vgl. http://www.tagesschau.de/klima/hintergruende/klimalandwirtschaft100.html (Stand: 19.07.2011)

Dieser Auszug verdeutlicht, dass die Schüler teilweise schon sehr gute Vorstellungen davon haben, warum der Lebensraum der Eisbären bedroht ist. Die Schülerin Mirna versteht zuerst das Problem des Meeresspiegelanstiegs nicht, da sie davon ausgeht, dass Wasser ein wichtiger Faktor zum Leben ist. Die Mitschüler erklären ihr dann, dass die Tiere auf dem Eis leben und die Eisschmelze durchaus ein Problem für die Tiere darstellt. Während des Interviews hörte die Schülerin sehr interessiert zu und sagte nach dem Interview, dass sie gerne mehr über Eisbären erfahren würde. Eine Woche nach dem Interview wurde die Schülerin mit einem Buch über Eisbären aus der Schulbibliothek gesehen.

Neben diesen Folgen wurde von den Schülern des Weiteren genannt, dass zukünftig mehr Tornados auf der Erde sein werden und dass es vor allem heißer und trockener werden wird. Auf die Frage, was man dagegen unternehmen kann, kamen in den Interviewrunden sehr unterschiedliche Antworten zustande. Die erste Schülergruppe sieht vor allem in der eigenen Verkehrsnutzung eine Möglichkeit, den Klimawandel zu mindern:

> Petra: *Ich will einfach nicht mehr Auto fahren, ich versuch es ja auch schon die ganze Zeit nicht mehr Auto zu fahren. Wirklich wenig, nur wenn ich zur Schule fahre.*
>
> Interviewerin: *Warum sollte man denn wenig Auto fahren?*
>
> Julia: *Wegen der Verschmutzung.*
>
> Paul: *Wegen den Treibhausgasen.*
>
> Interviewerin: *Ok. Was macht denn das Auto?*
>
> Paul: CO_2*-Ausstoß*
>
> Petra: *Das schleudert CO_2 in die Luft, also Abgase.*
>
> Interviewerin: *Ok. Wir halten fest, man soll nicht mehr Auto fahren. Habt ihr noch eine Idee, was man machen könnte?*
>
> Mario: *Am besten ist es, wenn man mit dem Bus oder der Bahn fährt, dann fahren nämlich ganz viele mit. Wie nennt man das? Das haben wir doch gelernt.. Achja, Mitfahrgemeinschaft.*

Die Schüler äußern nicht nur, dass öffentliche Verkehrsmittel genutzt werden sollten, sondern können dies auch begründen. Andere Möglichkeiten zum Umweltschutz werden von diesen Schülern allerdings nicht genannt.

In der zweiten Interviewrunde beherrschte die Auseinandersetzung mit dem Regenwald die Diskussion, weshalb auf die Frage nach möglichen Maßnahmen genannt wurde, dass man den Regenwald nicht mehr abholzen sollte.

In der dritten Gruppe wurden die unterschiedlichen Vorstellungen der Schüler sehr gut deutlich. Einige Schüler geben kindliche Antworten, wie z.B. überall eine Klimaanlage einbauen, eine Eismaschine bauen, die Sonne ausschließen und eine Kuppel darum bauen. Diese Antworten zeigen, dass die Schüler nur die Folgen des Klimawandels im Sinn haben und Maßnahmen suchen, um diese zu verhindern. Über die Folgen dieser Maßnahmen, wie z.B. den Sonnenausschluss wurde nicht weiter diskutiert. Jacob, der bereits zu Beginn des Interviews den Treibhauseffekt erklärte, gibt hingegen folgende Möglichkeiten an:

> Jacob: *Na man könnte nicht mehr auf die Kohlekraftwerke umsteigen, man könnte auf die erneuerbare Energien wechseln. Man hört ja immer wieder im Fernsehen, dass es sollen mehr Windkraftwerke, Solarkraftwerke geben..*
>
> Bastian: *Und Wasserkraftwerke!*
>
> Jacob: *Ja und die Solarkraftwerke sollen erforscht werden, dass sie noch mehr Sonnenenergie auf einmal kriegen.*

An anderer Stelle sagt er:

> Jacob: *Oder man könnte auch, wie schon gesagt, auf erneuerbare Energien um- steigen, die keine Abgase mehr in die Luft blasen und das muss man auch bis die fossilen Energien, also Kohle und Erdöl z.B., bis die nicht mehr da sind. Da muss man dann auf Erneuerbare umsteigen, wie will man denn sonst.. Die Atomkraftwer- ke werden ja auch abgeschaltet.*

Seine Aussagen zeigen, dass er sich bereits sehr viel Wissen angeeignet hat und auch die aktuellen politischen Debatten verfolgt. Dieser Schüler verfügt damit über einen hohen Wissensstand zu dem Thema.

Das Wissen zum Klimawandel haben sich die Schüler vor allem aus den TV-Sendungen, wie pur+, Wissen macht Ah!, und logo angeeignet, wie sie selbst anga- ben. Da noch einige ungeklärte Fragen aufgetaucht sind, scheint ein Interesse der Schüler für das Thema vorhanden zu sein. So konnten sich die Schüler nicht erklären, warum es im Winter scheinbar immer kälter wird, obwohl der Klimawandel für die Erderwärmung verantwortlich ist. Eine Schülerin wollte wissen, was der Klimawandel überhaupt ist und hat immer wieder gesagt, sie weiß nichts dazu. Dennoch konnte sie die Folgen des Klimawandels für die Eisbären sehr genau beschreiben und wusste darüber gut Bescheid.

4.4.2.4 Zusammenfassung der Ergebnisse aus den Interviewrunden

Folgende Übersicht lässt sich aus den Aussagen der Schüler zusammenstellen:

Ursachen	atmosphärische Prozesse	Folgen	Maßnahmen
•Rodung des Regenwaldes •Verkehrs-nutzung (Auto-abgase) •CO$_2$ •Gasausstoß der Rinder *(Methan)* •Ausdehnung der Sonne *(Fehlkonzept)* •Temperatur-anstieg des Erdkerns *(Fehlkonzept)*	•verstärkter Treibhauseffekt •Zerstörung der Ozonschicht *(Fehlkonzept)*	•Temperatur-anstieg •Anstieg des Meeresspiegels •Tornados •Weltuntergang = Erdbeben •Über-schwemmungen von Inseln •Bedrohung der Lebensräume von Tieren (Eisbären)	•Stoppen der Regenwald-Rodung •Erneuerbare Energien •Öffentliche Verkehrsmittel •Klimaanlagen bauen •eine Kuppel um die Sonne bauen •eine Eismaschi-ne bauen

Tab. 6 Zusammenfassung der Schüleraussagen

Es wird deutlich, dass sich die Schüler bereits ein vielseitiges Wissen zum Klimawandel angeeignet haben, auf das der Unterricht reagieren und aufbauen kann. Da das Vorwissen bei den Schülern sehr unterschiedlich gestaltet und ausgeprägt ist, können im Unterricht gute Diskussionen zu dem Thema entstehen. Als Ursachen für den anthropogenen Klimawandel machen sie vor allem die Regenwald-Rodung und die Verkehrsnutzung der Menschen verantwortlich. Es werden aber auch nichtmenschliche Aktivitäten genannt, wie die Ausdehnung der Sonne und der Temperaturanstieg des Erdkerns. Es ist wichtig, diese Vorstellungen mit den Schülern zu besprechen, damit ihnen das Gefühl der Handlungsunfähigkeit und damit verbundene Ängste genommen werden können. Als Folge dieser Ursachen wird in zwei Interviewrunden der anthropogene Treibhauseffekt benannt und erklärt. Eine Schülerin weist das Fehlkonzept der Zerstörung der Ozonschicht auf, welches auch bei Schülern der Sekundarstufe weit verbreitet ist. Als zentrale Folge dieser atmosphärischen Prozesse nennen die Schüler vorwiegend den Temperaturanstieg der Erde und damit verbunden den Anstieg des Meeresspiegels. Dies ist das am weitesten verbreitete Folge-Konzept bei den Lernern, wie Schuler herausgearbeitet hat.[127] Des Weiteren hat Schuler als grundlegende Denkmuster über die Folgen des anthropogenen Treibhauseffekts fünf Basismodelle aufgestellt[128], wobei sich zwei in den Aussagen der Schüler wiederfinden. Das Aufheizungsmodell besagt, dass die Schüler primär an den globalen Temperaturanstieg denken und viele Umweltveränderungen daraus ableiten. Dieses Denkmodell herrscht bei den befragten Schülern vor, da sich alle Aussagen auf die Erwärmung der Erde zurückführen lassen. Auch das Katastrophenmodell scheint bei einem Schüler als Denkmuster vorhanden zu sein. Es besagt, dass der globale Klimawandel als eine Ansammlung einzelner Naturkatastrophen assoziiert wird. Dieser Schüler kam in seinen Antworten immer wieder auf die Entstehung von Tornados zurück, weswegen davon ausgegangen werden kann, dass das Katastrophenmodell zum Teil sein Denken bestimmt. Die anderen Modelle, wie das System-Modell, das Klimazonenmodell und das UV-Strahlungsmodell finden sich noch nicht im Denken der Viertklässler wieder.

Einige Aussagen der Schüler zu den möglichen Maßnahmen beziehen sich direkt auf die genannten Ursachen. So werden die Verkehrsnutzung der Menschen, sowie die Regenwald-Rodung thematisiert. Andere Schüler gaben Antworten, die sich auf die Folgen der Erderwärmung beziehen, wie z.B. Klimaanlagen oder eine Eismaschine bauen bzw. die Sonne ausschließen. Es hätte darüber diskutiert werden können, ob dies wirklich geeignete Maßnahmen für den Klimaschutz sind, doch die Konzentrationsfähigkeit der Schüler ließ dies nicht mehr zu. Die Schüler sind außerdem nicht auf die Energienutzung der Menschen eingegangen, weshalb bei den Nennungen der Maßnahmen auch nicht erwartet werden kann, dass sie Energiesparmaßnahmen benennen.

Insgesamt wurde deutlich, dass die Schüle der vierten Klasse mit den Begriffen Klimawandel und Treibhauseffekt verschiedene Theorien und auch Fehlkonzepte verbinden, die im Unterricht aufgegriffen werden können. Da einige Fehlkonzepte zu Ängsten führen können, wie z.B. die Vorstellung, dass aufgrund der Sonnenausdehnung der Weltuntergang bevorsteht, ist es wichtig, dass Lehrkräfte diese Vorstellungen der Schüler aufgreifen und mit ihnen thematisieren, so dass diese Ängste genommen bzw. bewältigt werden können.

---

[127] Vgl. Schuler 2009, S. 5.
[128] Vgl. ebd., S. 6.

5 Zusammenfassung der Ergebnisse

In der vorliegenden Arbeit wurde der Klimawandel aus fachlicher Sicht beschrieben, der durch den anthropogenen Treibhauseffekt ausgelöst wurde. Zunächst wurden dazu meteorologische Grundlagen skizziert, indem die Begriffe „Wetter", „Klima" und „Klimasystem" voneinander abgegrenzt wurden. Es ist deutlich geworden, dass das Erdklima als komplexes System zu verstehen ist, welches durch ein wechselseitiges Zusammenwirken verschiedener Klimaelemente und -faktoren gekennzeichnet ist. Die Energie erhält das Klimasystem vor allem durch die Sonneneinstrahlung, weshalb die Energiebilanz zwischen absorbierter und reflektierter Sonnenstrahlung das Klima bestimmt. Bereits kleine Änderungen in dieser Energiebilanz können zu enormen Klimaschwankungen führen, wie der kurze historische Abriss zum Klima der Erde gezeigt hat. Aus diesem ging außerdem hervor, dass für die globale mittlere Temperatur der Erdoberfläche seit Beginn der Industrialisierung ein verhältnismäßig starker Erwärmungstrend zu verzeichnen ist. Als Ursache für diese Erwärmung gilt der anthropogene Treibhauseffekt, der den natürlichen Treibhauseffekt verstärkt. Die sogenannten Treibhausgase absorbieren die von der Erde abgestrahlte Wärmestrahlung in der Atmosphäre und strahlen diese in alle Richtungen wieder ab. Dadurch kommt auf der Erdoberfläche mehr Wärmestrahlung an und diese reagiert mit einer Temperaturzunahme. Aufgrund der erhöhten Emissionen von Treibhausgasen wird dieser Effekt verstärkt, was wiederum eine Temperaturerhöhung zur Folge hat. Da sich dieser Klimawandel tiefgreifend auf die Umwelt und die Menschheit auswirkt, sollte der Treibhauseffekt auch im Sachunterricht behandelt werden. Verschiedene Experimente oder ein Besuch im Gewächshaus können den Schülern diesen Prozess näher bringen.[129] Dabei ist darauf zu achten, dass nicht nur die Auswirkungen des Klimawandels für die Zukunft behandelt werden, da somit Ängste bei den Schülern geschürt werden können, vielmehr sollten verschiedene Handlungsoptionen thematisiert und umgesetzt werden, um den Schülern zu zeigen, dass jeder Mensch Umweltschutz betreiben kann.

Im Bildungsbereich sind seit den 70er Jahren verschiedene Konzepte zum Umweltschutz entwickelt worden, von denen sich aber nur die Umwelterziehung durchsetzen konnte. Bereits 1980 wurde von der Kultusministerkonferenz der Beschluss „Umwelt und Unterricht" herausgebracht, der das umweltbewusste Verhalten als Bildungsziel

---

[129] Vgl. Bundesministerium für Umwelt, Naturschutz und Reaktorsicherheit 2010.

aller Lehrpläne festsetzte und damit die Umwelterziehung verankerte.[130] Mit der Herausgabe des Brundtland-Berichts Ende der 80er Jahre, wurde der Paradigmenwechsel zur Nachhaltigen Entwicklung eingeleitet. Dieser Bericht lieferte eine erste Definition von Nachhaltigkeit und beeinflusste damit die UN-Konferenz in Rio de Janeiro 1992 entscheidend, auf der das Leitbild Nachhaltige Entwicklung erarbeitet wurde. Dies beinhaltet die Vereinigung von ökonomischer, ökologischer und soziokultureller Dimensionen unter den Aspekten der Globalität und Retinität. Damit handelt es sich um ein sehr komplexes Konzept, für welches vernetztes Denken unabdingbar ist. Aus diesem Grund stellt auch das Vernetzte Lernen, neben der Visions- und Partizipationsorientierung ein wesentliches didaktisches Prinzip für Bildung für Nachhaltige Entwicklung dar.[131] Dass sich das wesentliche Ziel der BNE, die Gestaltungskompetenz, auch für den Grundschulbereich übertragen lässt, ist mit den Aussagen von Gerhard de Haan belegt worden.[132] Die Chancen, die sich aus der Behandlung des Treibhauseffekts in der Grundschule ergeben, sind somit vielseitig. So können die Schüler nicht nur ein ökologisches und soziales Problembewusstsein entwickeln, sie können auch Problemlösekompetenzen erlangen, wenn sie über die Bedingungen und Auswirken des Klimawandels nachdenken. Darüber hinaus bietet das Thema die Möglichkeit, selbst aktiv zu werden und verschiedene Handlungsoptionen zum Klimaschutz auszuprobieren. Evaluations- und Bewertungsprozesse spielen daher eine wesentliche Rolle. Fraglich ist allerdings, inwieweit die Schüler bereits Einfluss auf Entscheidungen im Elternhaus nehmen können, weshalb die Gefahr besteht, dass solche Umweltschutzmaßnahmen lediglich auf den schulischen Bereich beschränkt bleiben. Daher ist über eine Einbindung der Eltern nachzudenken.

Im Anschluss an diese theoretischen Überlegungen wurde die Überblicksstudie zum Treibhauseffekt vorgestellt. Hinsichtlich der Möglichkeiten und Grenzen der Thematisierung des Treibhauseffekts ergab die Rahmenplananalyse, dass sich zwar in den vier untersuchten Rahmenplänen Anknüpfungsmöglichkeiten an nachhaltigkeitsrelevante Themen finden lassen, der Klimawandel aber explizit nur in einem Bundesland aufgeführt wird. Die Behandlung des Themas liegt daher im Ermessen der Lehrkraft. Da sich aber durchaus Bezüge zu anderen Themen wie z.B. Wetter, Energie oder Umweltschutz finden lassen, ist die Thematisierung des Treibhauseffekts durchaus gerechtfertigt. Bei der Umsetzung des Themas scheinen die Sachunterrichtslehrwerke jedoch keine Hilfe zu leisten, da in den untersuchten Schulbüchern keine Bezüge zum

---

[130] Vgl. KMK 1980.
[131] Vgl. Künzli David (…) 2008, S. 18.
[132] Vgl. De Haan 2009.

Klimawandel gefunden werden konnten. Andere nachhaltigkeitsrelevante Themen werden durchaus aufgegriffen, wenn sie auch sehr unterschiedlich gewichtet werden. So werden ökologisch-biologische Themen im Vergleich zu Konsum oder gesunde Ernährung viel ausführlicher behandelt. Daher müssen Lehrkräfte, wenn sie sich für eine Behandlung des Treibhauseffekts entscheiden, auf andere Unterrichtsmaterialien zurückgreifen. Dies bedeutet, dass eine intensive Recherche notwendig ist, die mit einem hohen Zeitaufwand einhergeht.

Die Befragung der Lehrkräfte ergab jedoch, dass sie dem Thema sehr aufgeschlossen gegenüber stehen und die Notwendigkeit der Behandlung, aufgrund der Aktualität, betonen. Als Schwierigkeiten wurden das mangelnde Materialangebot, sowie die Komplexität des Themas angesehen, wodurch eine intensive Auseinandersetzung und lange Vorbereitungszeit nötig ist. Diese Probleme könnten durch entsprechende Maßnahmen in der Aus- und Fortbildung der Lehrkräfte angegangen werden.

Trotz dieser Schwierigkeiten haben die Gespräche mit den Schülern gezeigt, dass bereits alle Schüler mit dem Begriff Klimawandel in Berührung gekommen sind. Jedoch wurde ein enormer Unterschied in den verschiedenen Vorstellungen der Schüler deutlich. Verschiedene Fehlkonzepte, wie das Vermengen des Treibhauseffekts mit dem Ozonloch, sowie der Erhöhung der Temperatur des Erdkerns wurden ebenso geäußert, wie ausführliche und korrekte Erklärungen über den Treibhauseffekt und dessen Folgen. Auch wenn die Ergebnisse der Untersuchung nicht repräsentativ sind, so wird doch deutlich, dass Kindern durchaus mehr zugetraut werden kann, als im Allgemeinen vielleicht angenommen wird. Dennoch muss beachtet werden, dass der Treibhauseffekt nicht direkt spürbar ist, weshalb die Arbeit mit Modellen erforderlich ist. Modelle verlangen jedoch eine hohe Abstraktionsleistung, die vielleicht nicht jeder Schüler leisten kann und es möglicherweise zu einer Überforderung kommen kann. Zusammenfassend bleibt festzuhalten, dass der Treibhauseffekt ein lohnendes Thema sein kann, dass auf das unterschiedliche Vorwissen der Schüler eingehen und beste-hende Ängste bewältigen kann. Die Schüler als auch die Lehrer zeigten sich dem Thema sehr aufgeschlossen und waren sich der Bedeutung bewusst. Lediglich die äußeren Rahmenbedingungen, wie die Rahmenlehrpläne und Schulbücher, schließen das Thema aus, weshalb die Lehrkräfte auf sich allein gestellt sind und die Behandlung des Themas von ihrer Entscheidung abhängt.

Diese Ergebnisse werfen abschließend neue Forschungsfragen auf. Nachdem deutlich wurde, dass Lehrkräfte das Thema im Sachunterricht behandeln, bleibt zu fragen, wie sie sich damit auseinandersetzen und welche Auswirkungen der Unterricht auf das Wissen und Verhalten der Schüler hat. Da die Lehrkräfte das Materialangebot kritisiert haben und in den Schulbüchern keine Vorschläge zur Behandlung dieses Themas geliefert werden, wäre es für die Praxis hilfreich zu untersuchen, ob und welche didaktische Materialien für das Thema zur Verfügung stehen und wie diese sinnvoll genutzt werden können. Außerdem wurde bereits erwähnt, dass verschiedene Aus- und Fortbildungsmaßnahmen den Lehrkräften helfen könnten, die Unsicherheiten bzgl. der Behandlung des Themas zu verringern. Wie diese Maßnahmen gestaltet sein können und welchen Erfolg sie für die schulische Praxis mit sich bringen, müsste in langfristig angelegten Projekten untersucht werden.

Abschließend bleibt zu sagen, dass der Anspruch der Bildung für nachhaltige Entwicklung, nämlich in angemessener Form zum Bestandteil jeglicher Themenbehandlung zu werden, noch längst nicht erfüllt zu sein scheint.

6 Anhang

6.1 Erklärung des Treibhauseffekts für Grundschüler[133]

Der natürliche Treibhauseffekt (1)

Unsere Atmosphäre besteht aus einem Gemisch unsichtbarer Gase. Hierzu gehören Sauerstoff und Stickstoff, aber zum Beispiel auch Kohlendioxid.

Der Anteil an Kohlendioxid in der Atmosphäre ist klein, doch umso wichtiger für das Leben auf der Erde. Zusammen mit einigen anderen sogenannten *Treibhausgasen* umgibt das Kohlendioxid die Erde und wirkt dort wie das Glasdach eines Treibhauses.

In einem Treibhaus ist es dank des durchsichtigen Glases recht warm: Es lässt das starke, energiereiche Sonnenlicht ($\sim\sim\sim$) hindurch auf die Pflanzen fallen. Die Sonnenstrahlen erwärmen den Boden und werden in Form von Wärmestrahlen ($\sim\sim\sim$) teilweise nach oben zurückgesandt. Das Glasdach

lässt nur einen kleinen Teil der Wärmestrahlen wieder hindurch, der Rest wird zurück zur Erde gelenkt.

Im Treibhaus wird es sehr warm, da die Sonnenstrahlen von außen durch das Glas dringen können, aber die vom Boden zurückgeworfenen Strahlen zu einem großen Teil nicht mehr heraus können. Auch strahlen die erwärmten Pflanzen und der Boden Wärme ab: Das Treibhaus heizt sich auf.

Die Schicht von Treibhausgasen rund um die Erde wirkt wie das Glas des Treibhauses. Sie hält die Erde warm. Aber Achtung: Je mehr Kohlendioxid und andere Treibhausgase sich in der Atmosphäre befinden, desto dichter wird diese Schicht und umso wärmer wird es auf der Erde!

ein Treibhaus

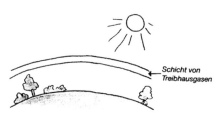

Schicht von Treibhausgasen

unsere Atmosphäre

---

[133] Preuss 2010, S. 32.

6.2 Schülerinterviews

6.2.1 Interviewrunde 1

Teilnehmer: Julia, Petra, Paul, Alvin, Mario, Leonard

Interviewerin: Wer hat denn schon mal etwas vom Klimawandel gehört?

Die Schüler melden sich.

Interviewerin: Ihr braucht euch nicht melden. Einfach nur sagen, was ihr gehört habt.

Paul: Da schmilzt an den Polen ganz viel Eis und dann könnten manche Inseln überfluten.

Interviewerin: Ok.

Mario: Das hab ich im Fernsehen gesehen.

Interviewerin: Ach, das hast du im Fernsehen gesehen?

Mario: Ja.

Leonard: Ja ich auch, da sind so ganz kleine Inseln.

Alvin: Ich glaube, da kann auch ein Tsunami entstehen, wenn da so ein Eisblock abbricht und ins Wasser fällt, da kommt dann ganz viel Wasser rüber und dann wird das alles zurück geschwemmt von den ganzen Inseln und dann kommt alles ganz groß wieder.

Interviewerin: Ok.

Petra: Also ich hab das auch mal gesehen. Da haben die das auch gezeigt, dass da Leute an den Eisbergen rumklettern, was ich ziemlich gefährlich finde, weil die können ja auch abbrechen.

Interviewerin: Bei den Eisbergen klettern die?

Petra: Ja.

Alvin: Manche Forscher suchen ja auch am Nord- und Südpol da. War das nicht mal ein Kontinent, der dann auseinandergebrochen ist und dann nach Nord und Süd auseinander getrieben ist? Und da sind die halt in kältere Gebiete gekommen und da sind die halt vereist und manche Forscher suchen auch im Eis, nach Überresten von Pflanzen.

Petra: Ich glaube, dass die Eisberge ab gehen, weil der Erdkern immer heißer wird.

Paul: Ich glaube nicht, weil das ist, weil der Erdkern immer heißer wird. Das ist, glaub ich so, dass da kommt jetzt immer mehr CO_2 in die Luft und CO_2 ist so wie ein Spiegel und dann kommt erst mal der Sonnenstrahl auf die Erde und wird da reflektiert und dann kommt er gegen das CO_2 und wird zurückreflektiert. Und das passiert dann wegen dem vielen CO_2 immer öfter und dann erwärmt sich das ganz doll.

Interviewerin:	Ok und weißt du wie das heißt, wie man das nennt, was du gerade beschrieben hast?
Paul:	Ja, Treibhausgase!
Alvin:	Treibhauseffekt
Julia:	Ich hab keine Ahnung.
Interviewerin:	Das ist nicht schlimm. Hast du schon einmal was vom Treibhauseffekt gehört?
Julia:	Nein.
Alvin:	Da musst du mal pur+ gucken.
Interviewerin:	Pur+? Da habt ihr schon mal was davon gehört?
Alvin:	Hmm. Da gibt es das immer so noch mal in Zeichentrick, da wird das, da ist das CO_2 in so kleinen Kügelchen. Das wird da so gemalt. Das ist da so total witzig, die haben da so große Nasen und dann wird da gezeigt, wie die Sonnenstrahlen da ran kommen und die prallen dann an der Erde ab und wollen zurück, aber das CO_2 hält sie auf. Und das CO_2 kommt aus den Abgasen.
Interviewerin:	Was denkt ihr denn, wie sich die Erde dann verändern wird?
Leonard:	Ich weiß, die Erde wird, glaub ich, immer heißer werden und das Leben auf der Erde wird immer schwieriger, weil immer mehr Tornados und so ne Sachen auftauchen.
Julia:	Und der Müll! Ich find das irgendwie voll blöd, dass die so viel Müll ins Weltall machen.
Leonard:	Und in Berlin, da hab ich auch gehört, das es da in der Zukunft auch ein paar Tornados geben wird.
Mario:	In Berlin?
Leonard:	Ja! Ganz Deutschland doch, überall soll es dann passieren.
Julia:	Wir haben einen Luftschutzbunker.
Interviewerin:	Habt ihr denn eine Idee, was man dagegen tun könnte?
Leonard:	Ja, man kann in den Keller oder man fährt schnell mit dem Auto weg.
Mario:	Aber das Auto ist ja gar nicht so schnell.
Alvin:	Im Tornado sind ja 400 km/h.
Paul:	Nicht jeder!
Alvin:	Doch!
Leonard:	Mitten im Tornado?
Alvin:	Ja.
Paul:	Mitten im Tornado ist es windstill!
Petra:	Ich glaube das nennt man Auge, oder?
Alvin:	Ja, mittendrin das Auge.

Mario:	Manche fliegen da auch rein.
Leonard:	Manche gucken, wie schnell es da ist.
Petra:	Ich will einfach nicht mehr Auto fahren, ich versuch es ja auch schon die ganze Zeit, also nicht mehr Auto zu fahren. Wirklich wenig, nur wenn ich zur Schule fahre.
Interviewerin:	Warum sollte man denn wenig Auto fahren?
Julia:	Wegen der Verschmutzung.
Paul:	Wegen den Treibhausgasen.
Interviewerin:	Ok, was macht denn das Auto?
Paul:	CO_2-Ausstoß!
Petra:	Das schleudert CO_2 in die Luft, also Abgase.
Interviewerin:	Ok. Wir halten fest, man soll nicht mehr Auto fahren. Habt ihr noch eine Idee, was man machen könnte?
Mario:	Am besten ist es, wenn man mit dem Bus oder der Bahn fährt, dann fahren nämlich ganz viele mit. Wie nennt man das? Das haben wir doch gelernt.. Achja, Mitfahrgemeinschaft.
Julia:	Klima, das ist doch so, wenn es an einem Tag kalt ist und an einem anderen Tag irgendwie kühler ist und dann hab ich meistens Kopfschmerzen. Das liegt doch daran?
Interviewerin:	Liegt das am Klima?
Julia:	Ja.
Paul:	Nein, das liegt am Wetter.
Interviewerin:	Gibt es denn einen Unterschied zwischen Wetter und Klima?
Paul:	Ja! Klima sind die Wetterveränderungen über Zeitspannen von Jahren.
Interviewerin:	Wow, da weißt du ja richtig viel.
Leonard:	Ich hab auch mal bei einem Programm im Fernseher gesehen.
Mario:	Fernsehen!
Leonard:	Ja egal. Dass da eine Insel ist und hier ist der Wasserspiegel. Und der ist eigentlich sehr normal. Ein Jahr später ist er ein bisschen höher und auf einmal, dann kommt irgendwann an einem Tag eine riesige Welle und dann ist die ganze Insel überflutet.
Julia:	Innerhalb von einem Tag?
Leonard:	Naja, nein. Das dauert ein bisschen länger, aber wenn schon so eine Welle kommt, dass dauert eigentlich sehr kurz.
Alvin:	Wir haben einen Bauernhof und da gibt es so einen Bach und da führt eine kleine Brücke rüber und da nebenan sind Pferde bei uns. Und da war das Wasser so hoch wie die Brücke. Und dann ist das Wasser sogar bis zu den Pferden, so richtig weit auf die Koppel bis auf den Sand da. Doch dann ist das Wasser wieder verdunstet. Und jetzt, als wir neulich da waren, da war

	es wieder niedrig, da war es nur noch so. *(zeigt Brusthöhe an)*
Julia:	Beim Meckelbach ist das auch so. Aber das ist da nicht so extrem.
Mario:	Doch! Der ist richtig extrem. Manchmal tritt der über die Ufer des Flusses.
Julia:	Kennst du den Meckelbach?
Mario:	Nein.
Julia:	Siehst du!
Interviewerin:	Wenn wir zum Beispiel im Sachunterricht den Klimawandel behandeln würden und ihr dürftet all eure Fragen stellen, was würdet ihr da gerne wissen wollen?
Julia:	Was ist der Klimawandel?
Interviewerin:	Also, du weißt nicht, was der Klimawandel ist?
Julia:	Naja, doch, nein. Ach ich weiß nicht so genau.
Interviewerin:	Sag ruhig.
Julia	Nein
Interviewerin:	Also gut. Habt ihr noch irgendwelche Fragen, irgendwas was euch noch interessieren würde?
Mario:	Aber am Nordpol da werden diese Eisschichten kontrolliert.
Interviewerin:	Was wird denn da kontrolliert?
Mario:	Na, wie dick das Eis ist und..
Julia:	Ja und wenn das schmilzt, die Eisbären, die haben dann gar keinen Lebensraum mehr.
Leonard:	Ja, aber auch das alles schmilzt ganz schnell, wenn es auf einmal heißer wird und dann entwickelt sich dann wieder normales Wasser und dadurch ist auch der Meeresspiegel ein bisschen größer.
Julia:	Und die Pinguine und so, und die ganzen Eisbären.
Alvin:	Die müssen ja auch alle an Land, das sind ja auch Säugetiere, die brauchen auch Luft, die sind ja nicht wie Fische.
Petra:	Gibt es den Klimawandel auch in Afrika? Den gibt es doch überall, oder?
Interviewerin:	Oh, das war eine gute Frage. Petra möchte gerne wissen, ob es den Klimawandel auch in Afrika gibt?
Mario:	Ja gibt es.
Alvin:	Ja, natürlich.
Leonard:	Ja ich glaub, da kommen auch manchmal Tornados und so.
Alvin:	Da in der Wüste, da kann es viel heißer werden und so.
Paul:	Von 58 auf 70 Grad oder so was.

Julia:	Da ist man doch schon längst tot, oder?
Mario:	Da wird man dann schön braun.

Allgemeines Lachen und Gerede

Interviewerin:	Gut, dann danke ich euch sehr, dass ihr euch mit mir so toll unterhaltet habt. Wir sind jetzt auch schon fertig.

6.2.2 Interviewrunde 2

Teilnehmer: Tim, Sydney, Lydia, Mareike, Yosip, Bilal

Interviewerin:	Habt ihr schon mal etwas vom Klimawandel gehört?
Tim:	Da wird der Regenwald abgeholzt und .. Das sich das Klima ganz doll verändern kann.
Sandra:	Ja und weiter?

alle lachen

Interviewerin:	Also der Klimawandel hat was mit der Abholzung vom Regenwald zu tun?

Alle stimmen zu

Interviewerin:	Und was?
Tim:	Naja, der Regenwald ist sehr wichtig für die Erde. Warum, weiß ich jetzt aber nicht.
Sandra:	Weil die Bäume sehr viel..
Tim:	Energie!
Sandra:	Energie und Luft erzeugen oder Wind!
Tim:	Weil der ganze Regenwald ab ist, könnte die dritte Eiszeit sein?
Bilal:	Gab es denn schon mal eine Eiszeit?
Lydia:	Wenn der Regenwald ab ist, da kann es nicht mehr regnen.
Bilal:	Es gibt doch nur eine Eiszeit, oder?
Tim:	Na dann ist es eben die zweite Eiszeit.
Interviewerin:	Das ist die Frage, was glaubt ihr? Gab es schon einmal eine Eiszeit?
Bilal:	1560
Tim:	Hä? Da gab es doch schon Menschen!
Bilal:	Echt?
Interviewerin:	Wisst ihr denn, wo ihr schon mal etwas vom Klimawandel gehört habt? Also in der Schule, im Fernsehen?
Yosip:	Ja in Museen und Fernsehen.

Interviewerin:	Im Fernsehen? Könnt ihr euch erinnern, was die da so gesagt haben?

Alle schütteln mit dem Kopf

Interviewerin:	Also habt ihr gar keine Idee, was der Klimawandel ist?
Tim:	Also, naja.
Mareike:	Wenn's von kalt auf warm wechselt?
Interviewerin:	Also wenn's im Winter kalt ist und im Sommer warm, dann ist das der Klimawandel?
alle	Nein!
Sandra:	Also das ist irgendwas mit dem Dioxin oder so was, also entsteht oder so. Und dann ähm und das macht die Umwelt, die Ozonschicht kaputt oder so. Und dann kann die Sonne mehr strahlen auf die Erde, also dann wird's wärmer.
Tim:	Also die Sonne die wird immer dicker und dicker und dicker.
Sandra:	Ja und dann?
Tim:	Naja, die ist ja so heiß, dass da die Planeten kaputt gehen und so, also explodieren und so.
Interviewerin:	Also du meinst, die Sonne wird immer heißer und wird immer größer und deswegen haben wir auf der Erde Klimawandel.
Tim:	Genau!
Interviewerin:	Habt ihr schon mal etwas vom Treibhauseffekt gehört?
Bilal:	Vom was?
Interviewerin:	Vom Treibhauseffekt. Ok, drei sagen ja, drei sagen nein. Was habt ihr denn schon mal gehört?
Sandra:	Also ein Treibhaus, das ist so was, wo man die Kühe durchtreibt. Nein, also hmm.
Interviewerin:	Wolltest du noch was sagen?
Sandra:	Nein.
Interviewerin:	Was denkt ihr denn, wodurch der Klimawandel verursacht wird? Ihr habt jetzt einmal gesagt, die Sonne wird immer wärmer. Gibt es noch andere Ursachen?
Tim:	Weil der Regenwald abgeholzt wird, also der Urwald.
Lydia:	Die Luft, also die Luft wird immer heißer, glaub ich.
Tim:	Und der Urwald wird so schnell abgeholzt, dass die an einem Tag zwei bis drei Fußballfelder abholzen.
Sandra:	Und die Kühe, die pupsen irgendwas aus, irgend so ein Gas, und dies macht dann…
Tim:	die Umwelt schöner.
Sandra:	Nein, die Ozonschicht kaputt, oder so.
Interviewerin:	Und was meint ihr, was dann passiert? Auf der Erde?

Bilal:	Dann kann man nur noch Stinkeluft einatmen.
Tim:	Dann wird es, glaub ich zu heiß und dann schmelzen alle.
Interviewerin:	Die Menschen schmelzen?
Tim:	Nein! Die Sonne kommt näher an die Erde.
Interviewerin:	Was passiert dann?
Tim:	Die Wälder fangen dann an zu brennen.
Lydia:	Dann wird es trockener.
Yosip:	Und dann kann man kein Wasser mehr trinken, weil das alles verdunstet
Bilal:	Da gibt's dann nix Grünes mehr auf der Welt.
Interviewerin:	Was habt ihr denn für eine Idee, was man dagegen tun könnte?
Tim:	Das Gras gießen mit einer Gießkanne oder so. Oder einen Regentanz machen.
Sandra:	Einfach, also das man die Bäume stehen lässt und so. Und das die Bäume dann mehr Luft produzieren und dass es dann regnet. Also die Pflanzen machen, also das Wasser macht ja diesen Wasserkreislauf und so machen sie ja auch mehr Wasser.
Interviewerin:	Ok. Dann stellt euch mal vor, wir hätten im Sachunterricht jetzt das Thema Klimawandel. Was würdet ihr dazu gerne wissen wollen?
Tim:	Ob der Weltuntergang wirklich wahr ist?
Interviewerin:	Also du würdest gerne wissen, ob die Welt wirklich untergeht? Was heißt denn für dich, die Welt wird untergehen? Wie stellst du dir das denn vor?
Tim:	Naja, dass es dann ganz viele Erdbeben gibt, so wie es in Japan war.
Bilal:	Dass die Sonne immer näher kommt und näher.
Yosip:	Dass es keine Schule mehr gibt.
Sandra:	Von Culcha Candela gibt es auch so ein Lied. Vom Weltuntergang.
Interviewerin:	Wollt ihr sonst noch etwas sagen?
Sandra:	Also Treibhauseffekt ist so was wie, glaub ich, dass die Blumen. Also ich hab ja so ein Blumenhaus, dass die Blumen besser wachsen. Und da ist dann so ein Dach, und ich mach das dann weg und dann ist da überall so Wasser, also Wassertröpfchen.
Interviewerin:	Also du hast so ein Treibhaus zu Hause?
Sandra:	Ja.
Bilal:	Ich möchte gerne wissen, wie viel Celsius das sind, wenn die

	Sonne da ist, wo das Dach ist.
Sandra:	Dann bist du schön längst tot, außer sie ist so ganz klein.
Interviewerin:	Ok, sonst noch irgendwelche Anmerkungen oder Fragen? Nein? Dann danke ich euch und das war es auch schon.

6.2.3 Interviewrunde 3

Teilnehmer: Bastian, Mirna, Jacob, Duaa, Yuni, Michelle

Interviewerin:	Habt ihr schon mal was vom Klimawandel gehört?
allgemeines Zustimmen	
Interviewerin:	Dann erzählt mal, was habt ihr denn schon gehört? Was wisst ihr denn schon darüber?
Jacob:	Na die Menschen, die haben jetzt viele Kohlekraftwerke und so und Autos und die produzieren CO_2 und wenn dieses CO_2 in die Atmosphäre kommt, dann werden die Sonnenstrahlen, die auf die Erde treffen, dann gehen die wieder hoch, aber dann prallen die von der Atmosphäre wieder zurück auf die Erde und dann wird es hier auf der Erde zu heiß.
Interviewerin:	Ok, dann weißt du ja schon eine ganze Menge. Was wisst ihr denn noch? Was habt ihr denn schon gehört?
Bastian:	Na, zum Beispiel. Wo war noch mal das Eis?
Jacob:	Antarktis oder Arktis.
Bastian:	Und welches davon?
Jacob:	Auf beiden gibt es Eis.
Bastian:	Und wo gibt es nur Eis?
Jacob:	Hmm. Auf der Antarktis.
Bastian:	Auf der Antarktis schmilzt das Eis jetzt auch viel schneller. Also ich habe mal so eine Tierdoku gesehen und da sagten die halt, letztes Jahr gab's noch irgendeine Eisform und jetzt gibt es die überhaupt nicht mehr.
Jacob:	Durch das Schmelzen der Antarktis da wird auch der Meeresspiegel erhöht, wenn nur um ein paar Zentimeter und man denkt, das wär nicht viel, aber das sind weltweit, sind das Millionen Tonnen Wasser. Und dann können auch kleine Inseln, zum Beispiel in Ostfriesland, die werden dann überschwemmt.
Yuni:	Ich wollte das Gleiche sagen.
Interviewerin:	Du kannst es auch gerne mit deinen eigenen Worten wiedergeben.
Yuni:	Nein.

Interviewerin:	Was glaubt ihr denn, warum das so ist. Du hast schon gesagt, dass das Wasser wahrscheinlich ansteigt, weil das Eis schmilzt. Warum ist es denn so? Habt ihr eine Idee?
Bastian:	Weil es langsam heiß wird.
Duaa:	Weil da in der Nähe sind Häuser und da ist Klima und da ist der Eis in der Nähe und das schmilzt dann so.
Interviewerin:	Weil da Häuser in der Nähe sind?
Duaa:	Ja, weil dann sind dann da auch mehr Klimas und dann schmilzt dann da gleich mehr Eis.
Bastian:	Und für die Tiere ist das auch doof. Das wird dann immer heißer und heißer und irgendwann. Die haben ja da keine Klimaanlage.
Jacob:	Ich würde sagen, Duaa hat recht, dass es heißer wird. Weil, wenn man im Winter ist, und es Richtung Frühling geht oder auch wenn man das Eis auf der Hand hat, da zerfließt das Eis ja langsam und das Gleiche passiert auch, also das Gleiche nur ein bisschen anders. Also weil die Erdwärme, also unsere Wärme ist es nicht, aber die Erdwärme, also die Sonnenwärme ist es, die Sonnenwärme, die von oben kommt, die kommt auf die Erde und ein Teil kommt wieder zurück und da wird es an der steigende Kohlendioxidschicht wieder zurückgeworfen und dadurch wird es immer wärmer.
Bastian:	Als ich in den Ferien in den Bergen gewandert bin, da hatten wir so einen Gletscherführer und der hat auch gesagt, dass der Gletscher, die Gletscher mal viel weiter im Tal mal waren und jetzt ist der so weit oben und letztes Jahr da war es auch schon mehr.
Interviewerin:	Habt ihr denn eine Idee, was man dagegen tun könnte, dass es immer wärmer wird?
Bastian:	Einfach überall eine Klimaanlage einbauen.
Jacob:	Na man könnte nicht mehr auf die Kohlekraftwerke umsteigen, man könnte auf die erneuerbare Energien wechseln. Man hört ja immer wieder im Fernsehen, dass es sollen mehr Windkraftwerke, Solarkraftwerke geben..
Bastian:	Und Wasserkraftwerke!
Jacob:	Ja und die Solarkraftwerke sollen erforscht werden, dass sie noch mehr Sonnenenergie auf einmal kriegen.
Interviewerin:	Ihr habt ja schon vorhin gesagt, ihr habt schon etwas vom Klimawandel gehört. Wisst ihr denn, wo ihr schon etwas davon gehört habt?
Duaa:	In der Schule war mal, glaub ich, da in die Schule sind mal welche gekommen. Da war so ein Spiegel.
Yuni:	Also ich hab´s auch in der Schule gesehen und im Fernseher.
Interviewerin:	Im Fernsehen? Kannst du dich erinnern, was das war?

Yuni:	Es war abends am Samstag. Mehr weiß ich nicht.
Interviewerin:	War das eine Sendung für Kinder?
Yuni:	Mein Vater hat da gerade Nachrichten geguckt.
Jacob:	Im Fernsehen gibt es Nachrichten. Im KiKa.
Bastian:	Die heißen logo.
Jacob:	Ja Bastian. Danke das ist richtig. Außerdem gibt es noch Wissen macht Ah und pur+.
Bastian:	Ich hab's von meinen Eltern erfahren und im Fernsehen bei „geographics wild".
Duaa:	Ich hab's auch bei logo gesehen!
Interviewerin:	Habt ihr schon mal etwas vom Treibhauseffekt gehört?
Jacob:	Von dem hab ich doch auch schon die ganze Zeit berichtet!
Bastian:	Treibhaus ist ein treibendes Haus.
Interviewerin:	Was heißt denn treibendes Haus?
Jacob:	Der Treibhauseffekt, also den macht sich der Mensch auch manchmal zu Nutze, wenn in Gewächshäusern, da gibt's auch Pflanzen, für die ist Deutschland viel zu kalt. Aber da in dem Treibhaus, da dringen Sonnenstrahlen ein und dann wird es da durch das Glas, wie bei uns durch das Kohlendioxid, wird das wieder zurück geworfen und so wird es da schön warm. Aber bei uns kann es dazu führen, dass es sehr heiß wird.
Mirna:	So wie in einem Ofen!
Interviewerin:	Was denkt ihr, denn wie sich die Erde verändern wird? Wie wird die Erde aussehen?
Bastian:	Kein Eis mehr! Die Tiere werden sich schon viel doller weiter entwickelt haben und auf die Hitze programmiert sein.
Jacob:	Ich würde erst mal sagen, es gibt ein Aussterben von Tieren und da überleben manche und die passen sich an. Aber da gibt es nicht mehr so viele Tierarten. Da werden die Eisbären, die werden so riesig, dass sie und die Tiger werden so schnell, dass sie ihre Beute schneller jagen können
Interviewerin:	Stellt euch mal vor, im Sachunterricht wird das Thema Klimawandel behandelt und ihr dürft alle Fragen zu dem Thema stellen. Was habt ihr denn so für Fragen dazu? Was würdet ihr denn gerne im Unterricht dazu machen und dazu fragen?
Bastian:	Ich würde gerne einen Film über Klimawandel gucken.
Jacob:	Ich würde auch wollen, das wir uns damit beschäftigen, damit wir uns alle auch besser vorstellen können, was der Klimawandel ist.
Mirna:	Ich würde auch gerne was zu dem Klimawandel wissen, ob dadurch auch der Eis schmilzt.

Bastian:	Das Eis.
Interviewerin:	Wenn das Eis schmilzt, was passiert denn dann?
Bastian:	Dann würde der Meeresspiegel über einen Meter steigen.
Jacob:	Na nicht über einen Meter, ein paar Zentimeter!
Interviewerin:	Was heißt das? Das kann uns doch egal sein, oder? Dann können wir halt mehr baden gehen.
Jacob:	Ich frag dich mal etwas. Würdest du gerne baden gehen und dann untertauchen und dann würdest du ein Auto sehen, ein altes verrostetes und daneben ein.
Bastian:	Ein Häuschen.
Jacob:	Ja ein Häuschen, wo du reingehen kannst. Würdest du das gerne?
Interviewerin:	Wahrscheinlich nicht.
Jacob:	Und wenn du in der Stadt leben würdest und es da Überschwemmungen geben würde, würdest du das dann auch toll finden?
Interviewerin:	Nein.
Jacob:	Und würdest du den Badevorteil eher nutzen oder auch eher Angst davor haben?
Interviewerin:	Ich glaub, ich würde auch eher Angst davor haben.
Bastian:	Aber die Flüsse, die werden dadurch, die bekommen einen bisschen mehr Wasser vom Meer aus und treten dann auch über die Ufer.
Mirna:	Aber wenn das Eis schmilzt, dann ist das auch für die Tiere schön, dann haben die mehr Wasser zum trinken.
Bastian:	Nein!
Mirna:	Aber wenn das Eis schmilzt, dann wird daraus Wasser.
Bastian:	Na und! Die Eisbären, na wohl sollen die sein? Am Land, am Festland.
Jacob:	Na, sollen die alle auf so einer großen Eisscholle mit einem Bein drauf balancieren?
Bastian:	Jacob, das geht doch nicht, die ist doch schon lange weg.
Jacob:	Aber so eine kleine Eisscholle mal! Mit einem Zentimeter Durchmesser, dann darauf zu balancieren.
Interviewerin:	Also ihr meint, die Eisbären, die würden das nicht gut finden?
Bastian:	Und die Robben auch nicht
Interviewerin:	Warum nicht?
Bastian:	Weil die dann kein Eis mehr haben.
Interviewerin:	Wozu brauchen die denn das Eis?

Bastian:	Zum jagen.
Jacob:	Zum leben.
Duaa:	Weil die Eisbären heißen.

Alle lachen

Jacob:	Ja das auch, aber die Eisbären die leben ja da. Sollen die etwa auf dem Wasser gehen und dann da ihre Höhlen bauen und zum Beispiel ihre Frischlinge, wenn die alles im Wasser machen und sollen die gleich schwimmen lernen, wenn die auf die Welt gekommen sind? Ich glaube, die würden erst mal zu Boden sacken.
Bastian:	Aber das schaffen doch manche Tiere.
Jacob:	Ja Fische vielleicht!
Bastian:	Aber die Robben, wie sollen die denn ohne Land ihre Höhlen bauen?
Interviewerin:	Was meint ihr denn, was kann man dagegen tun, dass es immer wärmer wird?
Bastian:	Eisberge bauen, die Sonne ausschließen und eine Kuppel drum bauen.
Duaa:	Eine Eismaschine bauen.
Jacob:	Oder man könnte auch, wie schon gesagt, auf erneuerbare Energien umsteigen, die keine Abgase mehr in die Luft blasen und das muss man auch bis die fossilen Energien, also Kohle und Erdöl z.B., bis die nicht mehr da sind. Da muss man dann auf Erneuerbare umsteigen, wie will man denn sonst.. Die Atomkraftwerke werden ja auch abgeschaltet.
Interviewerin:	Habt ihr noch irgendwelche Fragen oder Anmerkungen, die ihr los werden möchtet?
Jacob:	Der Klimawandel ist Mist.
Bastian:	Echter Mist!
Jacob:	Wer stimmt mir da zu, dass der Klimawandel Mist ist?
Mirna:	Aber wenn man dann Winter hat, da ist das ganz kalt in der Wohnung?
Jacob:	Aber früher haben die Menschen auch ohne Heizung überlebt. Meiner Meinung nach, wird der Winter durch den Klimawandel irgendwie kälter, irgendwie ist es im Winter immer kälter. Wieso denn?
Duaa:	Weil das Eis so kalt ist.
Jacob:	Keine Ahnung.

Allgemeines Gerede, Unruhe

Interviewerin:	Dann danke ich euch ganz herzlich, dass ihr bei dem Interview mitgemacht habt.

6.3 Fragebogen für die Lehrkräfte

Ist der Treibhauseffekt ein geeignetes Thema für den Sachunterricht in der Grundschule?

Vielen Dank, dass Sie an der Befragung teilnehmen! Sie können die Fragen gerne stichpunktartig beantworten. Wenn Sie bei einer Frage keine Antwort geben können oder möchten, dann geben Sie dies bitte an. *(z.B.: keine Antwort möglich)*

Allgemeine Angaben zu Ihrer Person

Geschlecht: _____

Alter: _____

Welche Fächer unterrichten Sie?

_____

Seit wann üben Sie den Lehrerberuf aus? _____

---

1. **Haben Sie schon einmal etwas von „Bildung für Nachhaltige Entwicklung" gehört?**

   Ja ☐   Nein ☐

   Weiter mit Frage 2   Weiter mit Frage 3

2. **Wenn Sie Frage 1 mit „ja" beantwortet haben:**
   Was verstehen Sie persönlich unter „Bildung für Nachhaltige Entwicklung"?

   _____

   _____

   _____

3. Haben Sie schon einmal „den Treibhauseffekt" mit Ihren Schülern im Unterricht behandelt?

Ja   ☐   Nein   ☐

Weiter mit Frage 4   Weiter mit Frage 5

4. Wenn Sie Frage 3 mit „ja" beantwortet haben:

a. In welcher Klassenstufe haben Sie das Thema unterrichtet? _____

b. Was hat Sie dazu veranlasst, das Thema zu behandeln?

_____

_____

_____

c. Würden Sie es erneut unterrichten? Bitte begründen Sie Ihre Antwort.

_____

_____

_____

5. Wenn Sie Frage 3 mit „nein" beantwortet haben:

a. Könnten Sie sich vorstellen, das Thema „Treibhauseffekt" einmal zu behandeln? Bitte begründen Sie Ihre Antwort!

_____

_____

_____

b. In welcher Klassenstufe würden Sie das Thema ggf. unterrichten?

_____

c. Welche Gründe haben bisher gegen eine Behandlung des Themas „Treibhauseffekt"
gesprochen?
gesprochen?
Bitte kreuzen Sie an, Mehrfachnennungen sind möglich.

Ich habe noch nie in Betracht gezogen, das Thema zu behandeln.	
Ich fühle mich nicht ausreichend informiert/kompetent, um das Thema zu unterrichten.	
Es gibt genug andere Themen, die wichtiger sind.	
Der Treibhauseffekt ist kein Thema, dass in der Grundschule behandelt werden sollte.	

Andere Gründe:

_____

_____

**6. Warum sollte das Thema „Treibhauseffekt" in der Grundschule behandelt
werden?**

_____

_____

_____

_____

7. Welche Probleme sehen Sie bei der Behandlung dieses Themas in der Grundschule?

_____

_____

_____

_____

8. Würden Sie gerne zu einer Fortbildung zu diesem Thema gehen?

Ja   ☐   Nein   ☐

Vielen Dank für Ihre Teilnahme!

7 Literaturverzeichnis

Aeschbacher, Urs; Caló, Cristina; Wehrli, Reto (2001): Die Ursache des Treibhausefekts ist ein Loch in der Atmosphäre. Naives Denken wider besseres Wissen. In: Zeitschrift für Entwicklungspsychologie und Pädagogische Psychologie (2001) 4, 230-241.

Bamler, Vera; Werner, Jillian; Wustmann, Cornelia (2010): Lehrbuch Kindheitsforschung. Grundlagen, Zugänge und Methoden. Weinheim, München: Juventa.

Bayerisches Staatsministerium für Unterricht und Kultus (Hrsg.) (2000): Lehrplan für die bayerische Grundschule. München: Maiß. Abrufbar im Internet. URL: http://www.isb.bayern.dc/isb/index.asp?MNav=3&QNav=4&TNav=0&INav=0&LpSta=6&STyp=1 Stand: 01.07.2011.

Blaseio, Beate (2004): Entwicklungstendenzen der Inhalte des Sachunterrichts. Eine Analyse von Lehrwerken von 1970 bis 2000. Kempten: Klinkhardt.

BLK-Kommission (2004): Bildung für eine nachhaltige Entwicklung („21"). Abschlussbericht des Programmträgers zum BLK-Programm. Bonn: BLK Geschäftsstelle.

Bolscho, Dietmar; Seybold, Hansjörg (1996): Umweltbildung und ökologisches Lernen. Ein Studien- und Praxisbuch. Berlin: Cornelsen Scriptor.

Bolscho, Dietmar; Hauenschild, Katrin (2007): Bildung für nachhaltige Entwicklung. In: Kahlert, Joachim (…) (Hrsg.): Handbuch Didaktik des Sachunterrichts. Bad Heilbrunn: Klinkhardt, 200-205.

Bolscho, Dietmar (2009): Bildung für Nachhaltige Entwicklung in der Schule. Ein Studienbuch. Frankfurt a.M.: Peter Lang.

Bölts, Hartmut (2002): Dimensionen einer Bildung zur nachhaltigen Entwicklung. Grundlagen – Kritik – Praxismodelle. Baltmannsweiler: Schneider.

Böttger, Ilona; Schack, Korinna (1996): Rahmenrichtlinienvergleich der Lehrpläne für den Sachunterricht aller Bundesländer. In: George, Siegfried; Prote, Ingrid (Hrsg.): Handbuch zur politischen Bildung in der Grundschule. Schwalbach: Wochenschau.

Bundesministerium für Umwelt, Naturschutz und Reaktorsicherheit (2010): Klimawandel. Berlin: BMU.

De Haan, Gerhard; Harenberg Dorothee (1999): Bildung für eine nachhaltige Entwicklung. Gutachten zum Programm. Bonn: BLK Geschäftsstelle.

De Haan, Gerhard (2009): Bildung für Nachhaltige Entwicklung für die Grundschule. Berlin: BMU. Abrufbar im Internet. URL: http://www.bmu.bund.de/ bildungsservice/bildungsmaterialien/grundschule/doc/print/40924.php Stand: 19.06.2011.

Deutsche IPCC-Koordinierungsstelle (2008): Klimaänderung 2007. Synthesebericht. Abrufbar im Internet. URL: http://www.de-ipcc.de/de/128.php Stand: 06.06.2011.

Dobson, Andrew (2000): Drei Konzepte ökologischer Nachhaltigkeit. In: Natur und Kultur. Transdisziplinäre Zeitschrift für Natur und Kultur. (2000) 1/2, 62-85.

Drechsler-Köhler, Beate (Hrsg.) (2005): Bausteine Sachunterricht 4. Rheinland-Pfalz/Saarland. Braunschweig: Diesterweg.

Eulefeld, Günter (Hrsg.) (1993): Studien zur Umwelterziehung. Ansätze und Ergebnisse empirischer Forschung. Kiel: IPN.

Gesellschaft für Didaktik des Sachunterrichts (2002): Perspektivrahmen Sachunterricht. Bad Heilbrunn: Klinkhardt.

Hauenschild, Katrin (2002): Qualitative Interviews mit Kindern in der Umweltbildungsforschung. In: Seybold, Hansjörg; Rieß, Werner (Hrsg.): Bildung für eine nachhaltige Entwicklung in der Grundschule – methodologische und konzeptionelle Ansätze. Schwäbisch Gmünd: Pädagogische Hochschule, 99-112.

Hauff, Volker (1987): Unsere gemeinsame Zukunft. Der Brundtland-Bericht der Weltkommission für Umwelt und Entwicklung. Greven: Eggenkamp.

Hempel, Marlies (2004): Zur Bedeutung des Vorwissens der Mädchen und Jungen im Anfangsunterricht des sozialwissenschaftlichen Sachunterrichts. In: Kaiser, Astrid; Pech, Detlef (Hrsg.): Basiswissen Sachunterricht. Lernvoraussetzungen und Lernen im Sachunterricht. Baltmannsweiler: Schneider, 38-44.

Hupfer, Peter; Kuttler, Wilhelm (Hrsg.) (2005): Witterung und Klima. Eine Einführung in die Meteorologie und Klimatologie. Wiesbaden: B.G. Teubner.

IPCC (2000): IPCC Special Report. Emissions Scenarios. Summary for Policymakers. Abrufbar im Internet. URL: http://www.ipcc.ch/pdf/special-reports/spm/sres-en.pdf Stand: 08.06.2011.

Kahlert, Joachim (2005): Umwelterziehung. In: Einsiedler, Wolfgang (…) (Hrsg.): Handbuch Grundschulpädagogik und Grundschuldidaktik. Bad Heilbrunn: Klinkhardt, 668-676.

Kaiser, Astrid (2004): Conceptual Change als Impuls für didaktisches Denken. In: Kaiser, Astrid; Pech, Detlef (Hrsg.): Basiswissen Sachunterricht. Lernvoraus-setzungen und Lernen im Sachunterricht. Baltmannsweiler: Schneider, 126-133.

Kappas, Martin (2009): Klimatologie. Klimaforschung im 21. Jahrhundert-Herausforderung für Natur- und Sozialwissenschaften. Heidelberg: Spektrum.

KMK (1980): Beschluss Umwelt und Unterricht. Abrufbar im Internet. URL: http://www.kmk.org/dokumentation/veroeffentlichungen-beschluesse/bildung-schule/allgemeine-bildung.html#c7800 Stand: 18.08.2011.

Kraft, Dieter (Hrsg.) (2006): Harms. Das Sachbuch 4. Braunschweig: Schroedel.

Kuttler, Wilhelm (2009): Klimatologie. Paderborn: Ferdinand Schöningh.

Künzli David, Christine (…) (Hrsg.) (2008): Zukunft gestalten lernen durch Bildung für nachhaltige Entwicklung: didaktischer Leitfaden zur Veränderung des Unter-richts in der Primarstufe. Westerstede: Argus Werbeagentur. Abrufbar im Inter-net. URL: http://www.transfer-21.de/index.php?p=199 Stand: 19.06.2011.

Latif, Mojib (2007): Bringen wir das Klima aus dem Takt? Hintergründe und Prognosen. Frankfurt a.M.: Fischer.

Latif, Mojib (2009): Klimawandel und Klimadynamik. Stuttgart: Eugen Ulmer.

Lob, Reinhold E.; Pohle, Claudia; Schulte-Derne, Friedrich (1996): Umweltthemen in Schulbüchern nicht-naturwissenschaftlicher Schulfächer in Deutschland. In: In-ternationale Schulbuchforschung (1996) 18, 163-174.

Mayring, Philipp (2002): Einführung in die qualitative Sozialforschung. Weinheim: Beltz.

Meier, Richard (Hrsg.) (2007): Mobile 4. Sachunterricht Nord. Braunschweig: Westermann.

Niebert, Kai (2009): Es wird wärmer, weil mehr Sonne auf die Erde scheint. Wie Lernende sich die globale Erwärmung vorstellen. In: Unterricht Physik (2009) 111/112, 106-109.

Preuss, Kirsten (2010): Themenheft 32 - Klima und Klimawandel. Kempen: BVK.

Programm Transfer 21. Abrufbar im Internet. URL: http://www.transfer-21.de Stand: 19.06.2011.

Rahmstorf, Stefan; Schellnhuber, Hans Joachim (2006): Der Klimawandel. Diagnose, Prognose, Therapie. München: C. H. Beck.

Senatsverwaltung für Bildung, Jugend und Sport Berlin (Hrsg.) (2004): Rahmenplan Grundschule. Sachunterricht. Berlin: Wissenschaft und Technik Verlag. Abrufbar im Internet. URL: http://www.berlin.de/sen/bildung/unterricht/lehrplaene/ Stand: 01.07.2011.

Saarland. Ministerium für Bildung (Hrsg.) (2010): Kernlehrplan Sachunterricht Grundschule. Abrufbar im Internet. URL: http://www.saarland.de/SID-3E724395-0AF31290/7309.htm Stand: 01.07.2011.

Schuler, S. (2004): Alltagstheorien von Schülerinnen und Schülern zum globalen Klimawandel. In: Kroß, Eberhard (Hrsg.): Globales Lernen im Geographieunterricht. Erziehung zu einer nachhaltigen Entwicklung. Lüneburg: Hochschulverband für Geographie und Ihre Didaktik, 123-145.

Schuler, Stephan (2005): Umweltwissen als subjektive Theorie. Eine Untersuchung von Schülervorstellungen zum globalen Klimawandel. In: Schrenk, Marcus; Holl-Giese, Waltraud (Hrsg.): Bildung für eine nachhaltige Entwicklung - Ergebnisse empirischer Untersuchungen. Hamburg: Dr. Kovač, 97-112.

Schuler, Stephan (2009): Schülervorstellungen zu Bedrohung und Verwundbarkeit durch den globalen Klimawandel. In: Geographie und ihre Didaktik (2009) 1, 1-28.

Seybold, Hansjörg; Rieß, Werner (2002): Aufgaben und Ansätze von Umweltbildungs-forschung in der Grundschule – eine Einleitung. In: Seybold, Hansjörg; Rieß, Werner (Hgg.): Bildung für eine nachhaltige Entwicklung in der Grundschule – methodologische und konzeptionelle Ansätze. Schwäbisch Gmünd: Pädagogische Hochschule, 5-17.

Smolka, Henning (2006): Die Kartoffel zum zweiten Mal entdeckt – kleine Schritte auf dem Weg zur BNE. In: Plesse, Michael (Hrsg.): Zukunft gestalten lernen – (k)ein Thema für die Grundschule? Westerstede: Argus Werbeagentur, 66-70.

Stoltenberg, Ute (2002): Nachhaltigkeit lernen mit Kindern. Wahrnehmung, Wissen und Erfahrungen von Grundschulkindern unter der Perspektive einer nachhaltigen Entwicklung. Bad Heilbrunn: Klinkhardt.

Thüringer Ministerium für Bildung, Wissenschaft und Kultur (2010a): Lehrplan für die Grundschule und für die Förderschule mit dem Bildungsgang Grundschule. Heimat- und Sachkunde. Erfurt: Thüringer Kultusministerium. Abrufbar im Internet. URL: http://www.schulportal-thueringen.de/web/guest/lehrplaene/grundschule Stand: 01.07.2011.

Thüringer Ministerium für Bildung, Wissenschaft und Kultur (2010b): Leitgedanken zu den Thüringer Lehrplänen für die Grundschule und für die Förderschule mit dem Bildungsgang der Grundschule. Heimat- und Sachkunde. Erfurt: Thüringer Kultusministerium. Abrufbar im Internet. URL: http://www.schulportal-thueringen.de/web/guest/lehrplaene/grundschule Stand: 01.07.2011.

Unglaube, Henning (2009): Der Klimawandel und seine Ursachen. Kinder kommen dem Treibhauseffekt und seinem Zusammenhang mit dem Ausstoß von CO_2 „auf die Spur". In: Grundschule Sachunterricht (2009) 41, 19-25.

Wittowske, Steffen (Hrsg.) (2006): Das Auer Heimat- und Sachbuch 4. Donauwörth: Auer.